Alexej Rassochin

KÖNIGIN DER TAIGA

Vega* e.K.
2003

Übersetzung: Alexander Markow
Lektorat: Oliver Gondring
Bildredaktion: Marina Gabriel
Druck: Standartu spaustuve

Unter Verwendung von Forschungsergebnissen
und Fotografien der wissenschaftlichen Gruppe
von Rimma Matwejewa

ISBN 3-9808919-1-7

INHALT:

Vor vielen, vielen Jahren gab es auf unserer Erde drei Zedernbäume. Sie waren jung, standen eng zusammen, waren befreundet und sprachen oft miteinander, dabei aber träumte jede ihren eigenen Traum. „Oh, wie glücklich wäre ich, wenn der mächtigste König der Erde auf mir thronen würde", rief die Erste aus. Die Zweite stellte sich vor, dass eines Tages das Gute auf der Erde herrschen würde und sagte: „Ich würde meine letzte Nadel geben, um diese Zeit erleben zu können." Die Dritte blickte zum unendlichen Blau des Himmels auf und fügte hinzu: „Ich möchte, dass die Menschen, wenn sie mich sehen, an ihren Schöpfer und Sein Liebesgebot erinnert werden."

So sprachen die drei Zedern. Und eines Tages, viele Jahre später, kamen die Menschen und fällten sie. Aus dem Holz des ersten Baumes wurden ein Stall und eine Futterkrippe gebaut, aus dem Holz des zweiten ein großer Holztisch, und der Stamm des dritten Baumes blieb in einem Schuppen liegen. Den drei Zedern blieb nichts anderes übrig als zu warten und auf bessere Zeiten zu hoffen.

Die Zeit verging. Einmal kam ein Ehepaar in den Zedernstall. Die beiden hatten kein Obdach, und die hochschwangere Frau hatte bereits ihre ersten Wehen. In der gleichen Nacht gebar sie im weichen Heu einen Sohn und legte ihn in die hölzerne Krippe. Wieder verging einige Zeit. Da versammelten sich Menschen an dem Zederntisch und einer von ihnen, das nun erwachsene Kind der Frau, sprach die ewigen Worte über Brot und Wein. Und schließlich holten die Menschen den Zedernstamm, zimmerten aus ihm ein Kreuz und schlugen den Mensch gewordenen Gottessohn daran.

So war der Traum der drei Zedern in Erfüllung gegangen...
(*aus einer alten Legende*)

Teil 1

KAUKASUS

„Die Halskette des Lebens besteht aus Zufällen, die auf den Faden der Gesetzmäßigkeit gereiht sind." So lautet eine orientalische Weisheit, die ich einmal in irgendeiner Zeitschrift entdeckt hatte. Ich hatte damals im überfüllten Wartezimmer einer Arztpraxis gesessen und vor mir hatte sich ein Stapel alter Zeitungen und Zeitschriften aufgetürmt, die zur Ablenkung der „Unglücklichen" dienten, die wir alle auf den Urteilsspruch des Arztes warteten...

Aber auch solch ein Augenblick kann gewinnbringend sein. Dies ist eine der vielen Phrasen, mit denen man in Gesellschaft von feinen Damen glänzen kann; sie hatte sich in mein Gedächtnis eingeprägt und kam mir ausgerechnet in diesem Moment wieder in den Sinn, hier, an einem der scheinbar unpassendsten Orte - am felsigen Ufer des Schwarzen Meeres irgendwo zwischen Gelendschik und Noworossijsk.

Ich bemühte mich indessen vergeblich zu schlafen – das „leise" Schnarchen meines unerwarteten Reisebegleiters, der mich überhaupt erst zu dieser unvorhergesehenen Reise verleitet hatte, hielt mich wach. In meinem Kopf lief – wie immer in solchen Situationen – ein Film aus Bildern von den Ereignissen der letzten Tage.

Aber ich will alles von Anfang an erzählen und all die Umstände schildern, die mich an diesen Ort geführt hatten...

Ich, ein zwar noch junger, doch bereits erfahrener Journalist aus St. Petersburg, hatte mich zu einem kleinen Sommerurlaub am Schwarzen Meer entschlossen. – Das ist nichts Außergewöhnliches, wo es doch für meine Mitbürger längst schon normal geworden ist, ihren Urlaub auf den Kanaren, auf Mallorca oder wenigstens in der Türkei zu verbringen. Doch jedem nach seinem (Ver-)Mögen.

Mein Reiseziel war auch deswegen sozusagen „gesetzmäßig“ vorbestimmt, weil ich ein begeisterter Leser der Bücher Wladimir Galaktionowitsch Korolenkos bin. Viele Freunde finden diese Vorliebe – nicht etwa Puschkin oder Dostojewskij! – seltsam: Korolenko ist dem russischen Leser dem Namen nach zwar bekannt, genießt aber im Vergleich zu anderen Schriftstellern nur eine eher bescheidene gesellschaftliche Anerkennung: Er steht irgendwo zwischen Garschin und Leskow.

Ich wusste ehrlich gesagt selbst nicht, warum die Person und die Werke Korolenkos mich bereits von klein auf so fasziniert hatten. Doch trotz seiner durchaus gewöhnlichen Biografie wohnte Korolenko irgendein Geheimnis inne – oder kam es mir bloß so vor? Schon seit langem hatte ich davon geträumt, einmal seine Heimat aufzusuchen – und es wäre vielleicht ein Traum geblieben, wenn ich diesen Sommer nicht beschlossen hätte: „Ich fliege hin!“

Der nächste Flughafen in der Nähe von Korolenkos ehemaligem Domizil war in Anapa. Der Flug zu diesem gemütlichen Kurort am Schwarzen Meer ging in Nu vorbei, die anschließende Fahrt im überfüllten Linienbus aber zehrte an meinen Kräften. Deshalb ruhte ich mich zuerst in einem Hotel aus und brach erst am Morgen des folgenden Tages zu einem Ausflug zu Korolenkos Haus auf. Es war sonnig und sehr warm – ich erreichte schnell mein Ziel. Korolenkos Haus, wo der Schriftsteller wahrscheinlich die besten Jahre seines Lebens verbracht hatte, erschien mir wie ein weiter, von unsichtbarem Leben erfüllter Raum. Es waren wenige Besucher da, meine Schritte hallten durch die leeren Räume, und in diesen Widerhall mischten sich dumpf entfernte Gespräche, Lachen und Weinen... Ich dachte an das Leben des Autors der bekannten „Höhlenkinder“ und des „Blinden Musikanten“ zurück, an die Schicksale seiner Helden, von denen viele womöglich hier, in diesen Wänden, geboren worden waren. Die Zeit schien stillzustehen, mir war leicht und feierlich zu Mute. Ich hätte gerne noch weiter in diesem Zustand verweilt, doch die Führung ging zu Ende und ich musste das Haus des Schriftstellers verlassen.

Hier bricht die Kette der Gesetzmäßigkeiten bereits ab – und wird durch die „Perlen des Zufalls“ abgelöst.

* * *

Als ich aus dem Haus hinaustrete, sehe ich Menschen einen riesigen Baum fotografieren und nähere mich dem Baum. „Libanon-Zeder, eigenhändig von W.G. Korolenko gepflanzt“, lese ich und denke mir: „Davon habe ich noch nie gehört. Ein Baum... Hat er irgendeine Rolle im Leben des Autors gespielt oder wird er nur als ein Zeuge jener Zeit hier bewundert? Der Baum ist umzäunt und wird gepflegt, man fotografiert ihn, so als wäre er etwas Besonderes, ein exquisites Exponat...“

„Jawohl, das ist er, ein exquisites Exponat, eine Seltenheit! Man kann diese Bäume auf der ganzen Erde an den Fingern abzählen.“

Wer ist das? Wer spricht mich plötzlich an? Ich drehe mich um und erblicke einen Unbekannten, einen Bettler oder Wanderer, in einem langen abgetragenen Mantel. Sein Mantel passt nicht zur Jahreszeit, auch sein Bart und sein langes Haar gehören nicht in unsere Zeit – überhaupt wirkt er, als sei er einer Erzählung Korolenkos entsprungen. Er reicht mir die Hand und lächelt, dabei durchbohrt mich sein scharfer Blick.

„Ich bin der Wanderer Andrej", stellt er sich vor, noch immer lächelnd.

Ich gebe ihm ohne Nachzudenken meine Hand und sage: „Alexej... Aber wie haben Sie meine Gedanken erraten? Oder habe ich Narr etwa laut vor mich hin gesprochen?"

Der Unbekannte geht nicht darauf ein und fordert mich stattdessen mit einer Geste dazu auf, etwas abseits des Touristenpfades Platz zu nehmen. Wir setzen uns auf eine Parkbank und ich, immer noch beunruhigt, wiederhole meine Frage. Doch statt eine Antwort zu geben, beginnt Andrej zu erzählen, und ich höre ihm allmählich immer aufmerksamer zu, versinke in die Bilder, die seine leise Stimme vor meinen Augen entstehen lässt.

* * *

Bäume haben wie Menschen ihre Geschlechter und Familien, deswegen tragen sie auch verschiedene Namen. Jeder Baum hat wie ein Mensch einen eigenen Charakter und eine Seele. Jeder Mensch könnte unter den Bäumen einen Bruder oder eine Schwester finden.

Wenn unsereiner einem Baum Gutes antut, erwidert der ganze Wald es mit Dankbarkeit. Für böse Taten jedoch kann der Wald den Menschen bestrafen, sogar mit dem Tod. Das haben die Menschen seit Urzeiten gewusst und ihren grünen Geschwistern Achtung und Liebe entgegengebracht. Um einen Baum fällen zu dürfen, ja gar um den Wald zu betreten, bat der Mensch einst um Erlaubnis – und wenn er einen Baum fällte, betete er inbrünstig. Besonders über die Zedern werden sonderbare Geschichten erzählt.

Einst lebte auf der Erde der Stamm der Gottesmenschen. Sie kannten nur das Gute – und das Universum offenbarte ihnen all die Geheimnisse, von denen wir heute nichts mehr ahnen. Doch es kamen andere Menschen und wollten alles, was der Stamm hatte, nehmen. Der Stamm übergab ihnen allen Besitz, doch das genügte nicht. Die Gottesmenschen sollten versklavt werden. Bei ihrer letzten Zusammenkunft betrachtete der Stammesälteste schweigend die Augen von vielen Tausenden seiner Schwestern und Brüder. In jedem Blick las er die gleiche Antwort: Keiner wollte Gewalt gegen die Eindringlinge anwenden und keiner hätte als Sklave leben können, denn es waren Gottesmenschen.

„Unendlich ist das Sein, unendlich seine Formen", sprach der Stammesälteste schließlich, „so lasst uns eine neue Gestalt annehmen und den Menschen unserer Erde fortan in dieser Gestalt liebend beistehen." Und der Stamm antwortete: „So sei es". Die Gottesmenschen liefen in den Wald, umarmten ihre liebsten Bäume und verharrten in dieser Umarmung.

Als die Feinde ihnen folgten, suchten sie vergeblich. Nur der Wald stand da und rauschte im Wind, und wunderschöne, kräftige Bäume wölbten ihre Zweige über den Köpfen der Menschen. So entstanden die Zedern.

Andrej schwieg – und auch ich schwieg, fasziniert von seiner Geschichte. Leider, leider ist es nur eine Legende, dachte ich, und wollte dennoch glauben, dass unsere Vorzeit solch ein Wunder hervorgebracht hatte, allein schon wegen seiner Schönheit. Ich ging zu der großen Zeder und betrachtete sie. Ich weiß nicht, wie lange ich so dastand. Schließlich holte mich Andrej in die Gegenwart zurück.

„Komm, ich habe dir noch einiges zu berichten", sagte er und ergriff meine Hand.

„Wohin gehen wir?", fragte ich, aber dachte zugleich, dass meine Frage überflüssig war, dass ich Andrej folgen würde, egal wie weit diese Reise sein würde.

* * *

Andrej war nicht nur ein Wanderer und Pilger, von denen heutzutage viele Russland in verschiedenen Richtungen durchqueren. Er war Wanderer, Pilger und noch etwas Drittes zugleich. Und eben dieses Dritte, das, was er eigentlich war, versuchte ich zu enträtseln – doch ich konnte es nicht...
Als Wanderer – der Anfang seiner Wanderung fiel auf den Anfang 90er – hatte er fast alle Krisengebiete Russlands besucht, an denen es damals nicht gerade mangelte. Er war oft mitten im Blutvergießen aufgetaucht, dort, wo

Unschuldige leiden mussten. Er hatte Vielen geholfen und dabei nicht zwischen Freunden und Feinden unterschieden. Mehr noch, er unterschied nicht einmal leidende Menschen von Tieren und Pflanzen in Not – eine umgeknickte junge Eiche, ein alter herrenloser Hund oder ein frierender Bettler hatten für ihn den gleichen Anspruch auf Hilfe. Und noch eines wunderte mich: Er erzählte kaum von seinem eigenen Leid, dafür mit Begeisterung und Liebe über all das Gute, was er gesehen oder erlebt hatte.

Als Pilger hatte Andrej viele russische Heiligtümer besucht und war bis nach Afon vorgedrungen. Dabei würde ich nicht behaupten, dass er streng orthodox war. Ich spürte bei ihm kein einziges Mal eine Ablehnung gegenüber Andersgläubigen, vielmehr nahm er jeden Glauben von Herzen an. Und wie viel Wissen hatte er sich angeeignet! Das faszinierte mich vielleicht am meisten an ihm.
Und dieses Dritte eben. Das, was ich mir nicht zu erklären vermochte... Andrej konnte eindeutig Gedanken lesen. Und anscheinend noch einiges mehr. Einmal ging er baden – er lief vielmehr einfach ins Meer, ging mit weit geöffnetem Mund ins Wasser und schwamm nicht, sondern verschwand einfach darin. Verzweifelt rief ich nach ihm – wir waren völlig allein am Strand – und begann schon umherzutauchen und den Meeresgrund abzusuchen. Da endlich tauchte er wieder auf, bemerkte meine Verwirrung, wurde traurig und entschuldigte sich lange bei mir. Früher, meinte er, hätten alle Menschen unter Wasser atmen können – und ein gewisser Porphirij habe es ihm noch vor kurzem beigebracht. Man müsse dabei vor allem auf die richtige Weise den Mund öffnen...

Später fand ich heraus, dass Porfirij Ivanov (1898-1983) als Mann mit außergewöhnlichen Eigenschaften bewundert, aber auch gefürchtet worden war. Der Russe überlebte zwei Weltkriege, stalinistisches Gefängnis und Gestapo, mehrere psychiatrische Anstalten (insgesamt 12 Jahre in Haft) und lebte zum Schluss unter strengem Hausarrest. Überall heilte er unheilbar Kranke und versuchte schier Unmögliches (so versuchte er 1943 Stalin zu überzeugen, ein Friedensabkommen mit Deutschland zu treffen). Porphirij lief selbst bei strengem Frost barfuss und nur mit einer kurzen Hose bekleidet herum, konnte über 100 Tage ohne jegliche Nahrung auskommen und einige Stunden lang unter Wasser bleiben. Aus seinem Nachlass sind vor allem seine 12 Regeln für eine gute Gesundheit unter dem Titel „Detka" (Kindlein) bekannt.

So. Ich liege immer noch wach und entscheide mich daher, meine Gedanken aufzuschreiben. Ich stehe auf, nehme meine Taschenlampe und meinen Block. Vor allem die Legenden, die mir Andrej erzählt hat, finde ich sehr wichtig. Bereits am Abend des Tages, an dem wir uns kennen gelernt hatten, sprach er vom Ziel unserer Reise – dem Berg Nina – und erzählte dabei von der Herkunft dessen Namens.

* * *

„Der Berg trägt den Namen einer Heilerin und Predigerin aus Jerusalem, die das Christentum nach Georgien brachte und heute als Heilige verehrt wird. Der Tag ihrer Ankunft in Georgien, der 1. Juni 313, wird dort bis heute gefeiert und heißt Ninaoba.

Nina (oder Nunia) soll von ihrer Lehrerin, der Armenierin Miathora, erfahren haben, dass Jesus' Chiton sich in Mtskheta, der ehemaligen Hauptstadt Georgiens, befinde. Diesen Chiton, das damals übliche Unterkleid, habe die Gottesmutter mit eigenen Händen für ihren Lieblingssohn gewebt. Der Rabbiner von Mtskheta, Elios, der bei der Kreuzigung Christi auf dem Berg Golgatha dabei gewesen sei, erzählte Miathora, habe später den Chiton einem Soldaten abgekauft, der das Kleidungsstück vorher durch das Los gewonnen hatte.

Vom mtskhetischen Rabbiner, Elios' entferntem Nachfolger, hatte Nina gehört, dass Elios den Chiton seiner Schwester Sidonia gezeigt haben solle. Als Sidonia Jesus' Chiton ans Herz gedrückt habe, soll sie die Leiden Christi in ihrer schrecklichen Tiefe nachempfunden haben – und tot umgefallen sein. Man habe sie mit dem heiligen Chiton in der Hand begraben. Doch der Ort ihres Grabes sei nicht mehr bekannt.

Nina zog sich in die völlige Einsamkeit zurück und betete inbrünstig. Während eines Gebets sah sie in einer Vision eine mächtige Zeder auf dem Gipfel eines Berges, und darunter schimmerte im goldenen Licht das göttliche Kleid. Nina fragte die Einheimischen, ob es so eine Zeder in der Umgebung von Mtskheta gibt, und hörte von einem Ort, an dem bereits einige Wunder geschehen waren. So wurden Sidonias Grab und der heilige Chiton gefunden.

Diese mächtige Zeder, die mit ihren Wurzeln das Grab von Sidonia bedeckte und beschützte, ist auf der bekann-

ten Ikone ‚Ruhm der georgischen Kirche' dargestellt. Das Original befindet sich in der Sioni-Kathedrale in der georgischen Hauptstadt Tbilissi.

Aber kehren wir kurz ins 4. Jahrhundert zurück: Die Heilige Nina lebte in einer Laubhütte am Berghang, in der sie nichts außer einer Schlafstätte hatte. Schon bald aber war sie allen Stadtbewohnern von Mtskheta als eine wunderbare Heilerin bekannt. In Georgien regierte damals König Mirian, der Sohn eines persischen Herrschers. Er wusste, dass sein Volk sich dem neuen Glauben zugewandt hatte und hatte sogar erwogen, die Todesstrafe für alle einzuführen, die sich zum Christus bekannten. Doch eines Tages war seine Frau schwer krank geworden, und nur die Christin Nina hatte ihr helfen können. Durch Ninas Heilkunst und Lebensweise beeindruckt, war der König offener für den christlichen Glauben geworden. Zehn Jahre später ließ er sich und seine Vasallen in den Flüssen Aragwi und Mtkwari taufen und entsandte seine Priester nach Griechenland. Und die heilige Nina – sie ruht im Boden des nach ihr benannten Berges, welchen wir bald besteigen werden."

„Und was wurde aus dem Chiton?", wollte ich wissen.

„Der heilige Chiton wurde zuerst als christliche Reliquie in Georgien aufbewahrt. Doch bald schon kamen Kriege und Eroberer: Perser, Mongolen, Türken, Russen... Der Chiton wurde versteckt und gefunden und wieder versteckt und wieder gefunden – und befindet sich heute in Moskau, in der Uspenskij-Kathedrale."

Auf diese Erzählung von Andrej hin habe ich mir fest vorgenommen, Uspenskij-Kathedrale zu besuchen. Es ist beschämend, aber in meinem bisherigen Leben habe ich noch niemals eine Kirche betreten...

Viel später, in St. Petersburg, werde ich dankbar meine Aufzeichnungen überarbeiten. Nicht immer ordentlich und oft zusammenhanglos – schon als Kind hatte Mama mich immer einen „faulen Knochen" genannt – folgte ich aber doch meiner beruflichen Verpflichtung und notierte alles, was ich sah und hörte. Und in der kurzen Zeit, die ich mit Andrej verbrachte, geschah eine ganze Menge. Damals wusste ich aber noch nicht, dass ich einst dieses Buch, überhaupt ein Buch, schreiben würde. Vielleicht wäre es besser, so manche Geschichte, die mich damals sehr berührte, für mich zu behalten – doch ich werde befürchten, dass ohne solche Geschichten mein Buch zu fade werden würde...

Wir brachen in aller Frühe auf und erreichten nach einem Tagesmarsch den Gipfel des Berges Nina. Ein großes hölzernes Kreuz erhob sich über den bewaldeten Berg – und ihm zu Füßen erstreckte sich das Meer. Welch ein wunderschöner Ausblick! Welch ein gigantisches, dabei schlichtes Grabmal für eine so besondere Frau!

Andrej sagte, zu Sowjetzeiten habe man mehrmals vergeblich versucht, das „Nina-Kreuz" vom Berggipfel zu entfernen. Das Kreuz war jedes Mal entweder doch stehen lassen worden oder nach kurzer Zeit an seinen Platz zurückgekehrt.
Vom Gipfel des Berges führte uns ein Pfad zum Meer hinunter – am Fuße des Berges schlugen wir unser Nachtla-

ger auf und ruhten uns aus. Dabei sprachen wir miteinander, und dieses Gespräch würde ich im Rückblick als „Einführung in die Bibel" bezeichnen, denn es weckte in mir das Interesse am Ewigen Buch, welches ich früher, ohne es je gelesen zu haben, für widersprüchlich und überholt gehalten hatte. Zunächst wollte ich von Andrej mehr über die Zedernbäume erfahren. Andrej zitierte ganze Bibelpassagen aus dem Gedächtnis, und ich konnte nach meiner Rückkehr verwundert feststellen, wie gut er sich alles gemerkt hatte.

* * *

Und Hiram, der König von Tyrus, sandte seine Botschafter zu Salomo; denn er hatte gehört, daß sie ihn zum König gesalbt hatten an seines Vaters Statt. Denn Hiram liebte David sein Leben lang.

Und Salomo sandte zu Hiram und ließ ihm sagen:
Du weißt, daß mein Vater David nicht ein Haus bauen konnte dem Namen des Herrn, seines Gottes, um des Krieges willen, der um ihn her war, bis der Herr seine Feinde unter seine Füße gab.
Nun aber hat mir der Herr, mein Gott, Ruhe gegeben ringsum, so daß weder ein Widersacher noch ein böses Hindernis mehr da ist.
Siehe, so hab ich gedacht, dem Namen des Herrn, meines Gottes, ein Haus zu bauen, wie der Herr zu meinem Vater David gesagt hat: „Dein Sohn, den ich an deiner Statt auf deinen Thron setzen werde, der soll meinem Namen das Haus bauen.

So befiehl nun, daß man mir Zedern im Libanon fällt, und meine Leute sollen mit deinen Leuten sein. Und den Lohn deiner Leute will ich dir geben, alles, wie du es sagst. Denn du weißt, daß bei uns niemand ist, der Holz zu hauen versteht wie die Sidonier.

Als Hiram aber die Worte Salomos hörte, freute er sich sehr und sprach:
Gelobt sei der Herr heute, der David einen weisen Sohn gegeben hat über dies große Volk.
Und Hiram sandte zu Salomo und ließ ihm sagen:
Ich habe die Botschaft gehört, die du mir gesandt hast. Ich will alle deine Wünsche nach Zedern- und Zypressenholz erfüllen.
Meine Leute sollen die Stämme vom Libanon hinabbringen ans Meer, und ich will sie in Flöße zusammenlegen lassen auf dem Meer bis an den Ort, den du mir sagen lassen wirst, und will sie dort zerlegen, und du sollst sie holen lassen. Aber du sollst auch meine Wünsche erfüllen und Speise geben für meinen Hof.

So gab Hiram Salomo Zedern- und Zypressenholz nach allen seinen Wünschen.
Salomo aber gab Hiram zwanzigtausend Sack Weizen zum Unterhalt für seinen Hof und zwanzigtausend Eimer gepreßtes Öl. Das gab Salomo jährlich dem Hiram.
Und der Herr gab Salomo Weisheit, wie er ihm zugesagt hatte. Und es war Friede zwischen Hiram und Salomo, und sie schlossen miteinander einen Vertrag.
Und Salomo hob Fronarbeiter aus von ganz Israel, und ihre Zahl war dreißigtausend Mann, und sandte sie auf den Libanon, je einen Monat zehntausend, so daß sie

einen Monat auf dem Libanon waren und zwei Monate daheim. Und Hadoniram war der Fronvogt.
Und Salomo hatte siebzigtausend Lastträger und achtzigtausend Steinhauer im Gebirge, ohne die Vögte Salomos, die über die Arbeiten gesetzt waren: dreitausenddreihundert, welche den Leuten geboten, die Arbeit taten.
Und der König gebot, große und kostbare Steine auszubrechen, behauene Steine zum Grund des Hauses.
Und die Bauleute Salomos und die Bauleute Hirams und die Gebaliter hieben sie zurecht; so bereiteten sie Holz und Steine zu, um das Haus zu bauen.
(1. Könige, Kapitel 5)

„Stell Dir einmal das Ausmaß dieser Baustelle vor", kommentierte Andrej, „30.000 plus 70.000 plus 80.000 Arbeiter und dazu 3600 Werkführer ergeben fast 200.000 Menschen! Um solch einen Bau zu organisieren, bedurfte es wirklich der Weisheit von Salomo. Auch die Kenntnisse der damaligen Meister sind erstaunlich. Nimm den Architektenentwurf für solch einen Tempel wie den zu Jerusalem – wie viel Wissen über Mathematik, Physik, Geologie und so weiter ist dazu notwendig gewesen!

Und bedenke, dass man den Tempel zu Jerusalem nicht einmal zu den so genannten Sieben Weltwundern des Altertums zählte. Was soll man dann erst vom Koloss von Rhodos oder von den Gärten der Königin Semiramis halten! Wir könnten viel darüber spekulieren, weil diese Wunderwerke nicht mehr existieren, bis auf eines: die Pyramiden der ägyptischen Pharaonen. Aber bleiben wir bei Jerusalem...

**Und Salomo baute das Haus und vollendete es.
Er bedeckte die Wände des Hauses innen mit Brettern von Zedernholz.
Vom Boden des Hauses bis an die Decke täfelte er es innen mit Holz, und den Boden des Hauses täfelte er mit Brettern von Zypressenholz.
Und er baute zwanzig Ellen von der Rückseite des Hauses entfernt eine Wand aus zedernen Brettern vom Boden bis an die Decke und baute so im Innern den Chorraum, das Allerheiligste.
Die Tempelhalle vor dem Chorraum war vierzig Ellen lang.
Innen war das ganze Haus lauter Zedernholz mit gedrehten Knoten und Blumenwerk, so daß man keinen Stein sah.
Den Chorraum machte er im Innern des Hauses, damit man die Lade des Bundes des Herrn dahin stellte.
Und vor dem Chorraum, der zwanzig Ellen lang, zwanzig Ellen breit und zwanzig Ellen hoch war und überzogen mit lauterem Gold, machte er den Altar aus Zedernholz.
(1. Könige, Kapitel 6)**

„Und das ist noch nicht alles", sprach Andrej, „im nächsten Kapitel des Buches wird der königliche Palast beschrieben, das eigentliche Wohnhaus Salomos. Und auch hier ist Zedernholz das wichtigste Baumaterial."

So baute er das Libanon-Waldhaus, hundert Ellen lang, fünfzig Ellen breit und dreißig Ellen hoch. Auf drei Reihen von Zedernsäulen legte er eine Decke von Zedernbalken und deckte auch mit Zedernholz die Gemächer

über den Säulen; und es waren fünfundvierzig Säulen, je fünfzehn in einer Reihe.
(1. Könige, Kapitel 7)

„So ist es auch im Zweiten Buch der Könige zu lesen.“ Andrej schwieg eine Weile, so als überflöge er mit seinem inneren Auge den Bibeltext. „Hier wiederholt sich, mit wenigen Änderungen, die Geschichte des Tempelbaus in Jerusalem. Dabei erfahren wir, dass bereits Salomos Vater, der jüdische König David, sich an den König Hiram gewandt und bei ihm das Zedernholz für seinen eigenen Palast erworben hatte.

Der Jerusalemer Tempel mit seinen Balken, Innenwänden und seinem allerheiligsten Raum für die Bundeslade mit den Geboten, die Mose von Gott direkt erhalten hatte – das alles bestand aus Zedernholz. Die Paläste der Könige David und Salomo ebenso. Und ich frage dich, warum?“

Andrej legte eine Pause ein und ich, der ihm selbstvergessen zugehört hatte, brachte nur ein undeutliches „Ich weiß nicht“ heraus.

„Erstens ist das Holz der Libanon-Zeder sehr fest und dauerhaft. Aber das allein genügt nicht, um den Aufwand zu erklären, den die biblischen Könige betrieben, weil sie unbedingt dieses Holz verwenden wollten. Der zweite, religiöse Hintergrund ist weniger bekannt: Die Zeder ist ein Baum, der reine kosmische Energie speichern und an den Menschen abgeben kann. Diese Energie wirkt heilsam und – was noch wichtiger ist – sie erleichtert die ersehnte Verbindung des Menschen zu Gott.“

„Wusste Salomo davon?"

„Ja, und nicht nur er..."

* * *

In dieser Nacht nach unserem Gespräch über die Zeder und die biblischen Könige konnte ich lange nicht einschlafen. Andrejs Erzählung, ja meine ganze Begegnung mit ihm, klang in mir nach. Erst lange nach Mitternacht kam die Entspannung und ich freute mich bereits über den langersehnten Schlaf.
Doch im nächsten Augenblick geschah etwas, das nicht nur meine „vernünftige" materialistische Vorstellung von meinem Leben veränderte, sondern mich ganz deutlich an das ungeahnte – wohl auch mein – Leben gemahnte. Eine neue, selige Ruhe erfüllte mich, mein Körper verlor an Gewicht, ein Nebel breitete sich vor meinen Augen aus – und in dieser unbeschreiblichen, stillen Begeisterung zeichnete sich allmählich eine Landschaft ab.

Hinter den Bergen am Horizont steigt die rötliche Scheibe der aufgehenden Sonne auf und erhellt die schier unendliche grüne Weite – den Zedernwald, Stolz und Reichtum unseres Landes. Ich gehe von Baum zu Baum, betrachte jeden und bezeichne diejenigen, die morgen gefällt werden sollen. Ich gehöre zu den Wenigen, die die innere Stimme der Bäume wahrnehmen. Viele, sehr viele Bäume werden benötigt – der König des mächtigen Judäa will einen Tempel bauen, dem kein Tempel der Erde gleichen wird. Man erzählt, der jüdische König sei ein weiser Mann und höre die Stimme unserer Bäume. Unsere Bäume singen – sie singen ein mächtiges Lied, das zum Himmel emporsteigt und die Menschenseelen anruft. Dieser Ruf, im wunderbaren bläulichen Schimmer unter den duftenden Nadeln erklingend, stimmt besinnlich... Eiligen Schrittes gehe ich weiter. Die leeren Flöße stehen bereit, die Zedernstämme aufzunehmen. Viele warten auf uns...

Das Bild verblasste und ein neues Bild entstand.

Ich gehe durch eine prächtige große Stadt. Ich weiß, es ist Jerusalem, das nach den Anweisungen des Königs Salomo völlig umgebaut worden ist. Seine breiten und geraden Straßen mit den strengen Konturen der viereckigen Häuser zeigen die Vorliebe des Königs für klare symmetrische Räume. Heute ist Sabbat und außerdem der Vorabend eines großen Festes. Gestern haben wir die riesigen Stämme für den entstehenden Tempel abgeladen, inmitten von Zehntausenden Meistern mit ihren Leuten und Aufgaben. In der Nähe dröhnten die Hämmer der Steinmetze, und auf der anderen Seite richteten die Schmiede ihre langen Tonröhren her für die feuerroten Fluten aus flüssigem Kupfer und Gold. In einer Entfernung wurden die bereits aufgestellten Zedernsäulen mit Gold überzogen. Der Tempel lebte schon, wuchs zusehends... Und heute schaue ich Jerusalem an und hoffe, bald den König Salomo selbst zu sehen – man sagt, er werde bald zum Bauplatz kommen...

Das Bild verschwamm – doch die Sterne über mir wurden immer klarer. Wo war ich? Es war Nacht, Andrej schlief. Was war das gerade gewesen? Meine Träume? Ich stand auf, ging ans Wasser, setzte mich auf die Steine am Rand des dunklen Meeres. Was für eine Ewigkeit lag doch um mich herum, in mir... Unmerklich schlief ich ein, hier, auf den bloßen Steinen.

Die folgenden Tage mit Andrej verflogen rasch und hinterließen ein Feuerwerk von Eindrücken. Wenn ich zurückschaue, sehe ich einen langen Farbfilm voller wunderschöner Naturaufnahmen: das pulsierende Meer trägt mich ins Schweigen der Felsschluchten, dessen dunklen Steine führen zum Duft des grünen Waldes, seine durchsonnten Lichtungen bringen mich zu den steilen Abhängen und diese – wieder zum Wasser zurück... Andrej kannte anscheinend keine Müdigkeit und trieb mich, den von Untergrund- und Straßenbahnen verwöhnten Großstädter, zu einem endlosen Marsch an.

Ich muss sagen, es machte einen Riesenspaß, so viel zu Fuß zu laufen, „dem Wind und der Sonne zugewandt", wie Andrej zu sagen pflegte. Hatte ich mir am Anfang unseres „Marathons" noch lange überlegt, was zu welcher Tageszeit am besten anzuziehen wäre, so lief ich später nur noch in meiner Badehose herum. Meine Muskeln strafften sich zusehends und meine Haut wurde immer dunkler.
Ich badete viel im Meer, schwamm aber nicht so weit hinaus wie Andrej, der „mit den Delphinen sprechen wollte" und den ich ab und zu gar aus den Augen verlor. Doch er hatte mir gezeigt, wie gut er im Wasser zurechtkam, und ich vertraute auf seine Kunst.

Das Schönste in dieser Zeit waren die langen warmen Abende, an denen ich Andrej ausfragen und seinen Erzählungen zuhören konnte – oft mit meinem Journalistenblock in der Hand. Meine Aufzeichnungen stellten sich später als lückenhaft, wenn nicht gar verwirrend heraus: zum Einen, weil ich nicht alles, was er sagte, verstand, und zum Zweiten, weil ich oft aufhörte zu schreiben und nur ganz entspannt zuhörte. Er erzählte nüchtern und ohne Schnörkel, aber seine Fähigkeit, alles beim Erzählen noch einmal zu durchleben, faszinierte mich. Von Vielem hörte ich während Andrejs „Gedankenausflügen" zum ersten Mal, doch das alles gehört nicht zum Thema Zeder und könnte eines Tages ein weiteres Buch füllen...

Fast immer – und mitunter ziemlich geräuschvoll – war noch ein Wesen an unseren Gesprächen beteiligt: das Schwarze Meer. Warum eigentlich „schwarz", fragte ich Andrej einmal, und hörte daraufhin einen langen Vortrag zur Geschichte des Meeres und seines Namens.

„Das Schwarze Meer hieß bei den Griechen einst ‚Pont Axinos' oder ungastliches Meer. Später aber, nachdem die griechischen Seefahrer sich mit den furchtbaren hiesigen Winterstürmen abgefunden und die Küste allmählich erschlossen hatten, fanden sie, dass es doch ‚Pont Euxeinos', also gastliches Meer, hätte heißen können. Die Römer nannten es daraufhin ‚Pont Euxinos' oder einfach ‚Pontus'. Auch die Russen änderten – und das nicht nur einmal – die Benennung des Meeres, sie nannten es Sarmatisches, Blaues, Russisches, Kimmerisches, Taurisches und nun Schwarzes Meer."

Andrej erzählte noch lange – von einem Urvolk, das einst hier lebte, von den Skythen, von den ersten griechischen Kolonien und vom Goldenen Flies, von den Arabern und Mongolen, Türken und Russen und all denen, die ihre Spuren in der Geschichte und an den Ufern des Meeres hinterließen.

„Vielleicht ist der heutige Name, wenn man ‚schwarz' im Sinne von ‚dunkel, unbegreiflich' versteht, gar nicht so unpassend, wie manche denken. Ich höre gar kein ‚warum'?", schmunzelte mein Erzähler und fuhr fort. „Die Wissenschaftler meinen, dass das Meer noch sehr jung sei, erst etwa siebentausend Jahre vor Christus entstanden. Der Anstieg des Meeresspiegels nach der letzten Eiszeit führte dazu, dass das Mittelmeer die dünne Landbarriere am Bosporus aufbrach und sein Wasser sich mit dem Süßwasser eines Binnensees, der dazu noch tiefer als das Mittelmeer gelegen hatte, vermengte.

So entstand wohl das heutige Schwarze Meer, dessen Salzgehalt übrigens genau dem des menschlichen Blutes entspricht. Ein seltsamer Zufall, nicht wahr? Es floss auch oft genug Blut ins Meer, viele Seemänner fanden in seinen Tiefen ihr Grab", unterbrach Andrej traurig seinen Bericht.

„Wohin eilst du, Menschheit, wohin? Sag es mir", veränderte ich bei mir Gogols bekannte Frage an seine Heimat. Keine Antwort, immer noch keine Antwort...

* * *

Aber mein Urlaub ging zu Ende. Ich hatte Andrej zwar verschwiegen, dass ich schon in St. Petersburg einen Rückflug gebucht hatte, und doch schien er das irgendwie geahnt zu haben. Zwei Tage vor meinem Abflug wechselte er entschlossen die Richtung unserer Wanderung – und am nächsten Abend rasteten wir an der Chaussee nach

Anapa. Spätestens da begriff ich, dass mein Begleiter über meine bevorstehende Abreise bestens Bescheid wusste.

Unser letzter gemeinsamer Abend verlief schweigsam und traurig. Ich hatte mich sehr an Andrejs Nähe gewöhnt, und auch ihm schien unser Abschied schwer zu fallen. Wir sagten einander kurz „Gute Nacht“ – und drehten uns beide auf die andere Seite. In der Nacht hörte ich, wie Andrej aufstand und zum Meer lief.

Morgens brachte er mich zur Bushaltestelle, drückte mir ein kleines Stoffbündel in die Hand und sagte: „Das ist für dich. Folge deinem neuen Weg und hab Vertrauen. Und kümmere dich um die Zeder – sie ist dein Baum“. Er umarmte mich und lief davon, doch bevor er hinter den Bäumen verschwand, drehte er sich noch einmal um und rief mir laut und deutlich zu: „Grüße die Königin!“. Dann verlor ich ihn aus den Augen und blieb wortlos stehen...

Bald darauf kam der Bus nach Anapa.

Teil 2

ST. PETERSBURG

Mein geliebtes St. Petersburg empfing mich mit einer ungewöhnlichen Hitze, dampfendem Asphalt, dem Klingeln der Straßenbahnen und dem üblichen Gedränge auf den Straßen. Nach meiner Wanderung durch den Kaukasus erschien das alles fremd und störte mich anfangs, doch täglich passte ich mich besser an und begann bald, den Urmenschen, als der ich nackt über die Felsen am Schwarzen Meer gesprungen war, aus meiner Erinnerung zu tilgen.

Die Redaktion empfing mich mit leichtem Sarkasmus und großem Staunen über meine sonnengebräunte Haut. Unsere Kulturredakteurin Iraida, wegen ihres feuerroten Haares und ihrer goldenen Sommersprossen Rotkäppchen genannt, sagte zu mir: „Mein lieber Aljoscha, du bist ja ein wahrer Papua geworden. Für eine solche Sonnenbräune musst du mindestens zehn Stunden täglich am Strand gelegen haben, eine wahre Vollbeschäftigung also, bei der für mögliche Liebesabenteuer keine Zeit übrig geblieben sein dürfte. Über diese Annahme bin ich nicht unerfreut." Und sie ging in ihr Büro, begleitet vom lauten Lachen aller Kollegen.

Alles war also wie früher, und doch fehlte mir etwas. Der Grund war, dass Andrej mich innerlich verändert hatte. Ich vermisste ihn. In dem Bündelchen, welches er mir bei unserem Abschied in die Hand gedrückt hatte, hatte ich eine kleine Ikone von der Gottesmutter Maria mit dem kleinen Jesus auf dem Arm gefunden. Ich hatte damit nichts anzufangen gewusst und eine Verkäuferin aus dem Kiosk bei der nächsten Kirche um Rat gefragt. Die nette

Dame war bestürzt gewesen über meine lückenhafte Allgemeinbildung und hatte mich aufgeklärt.

Mein Kleinod war ihrer Meinung nach eine Kopie der bekannten russischen Ikone „Gottesmutter Kasanskaja", die auf den Ikonentypus „Hodegetria" (Wegführerin) zurückzuführen sei. „Gottesmutter Kasanskaja" gelte als eines der größten Werke russischer Ikonenmalerei, außerdem sei sie Schutzpatronin der Stadt St. Petersburg. Das Original sei vor kurzem nach St. Petersburg zurückgebracht worden und hänge jetzt in der einst nach ihm benannten Kasanskij Kathedrale am Nevskij Prospekt.

„Ihre Ikone scheint eine besondere und sehr alte Kopie zu sein", fügte die Verkäuferin hinzu. „Das Holz ist uneben und es sieht so aus, als wäre das Gesicht der Gottesmutter schon darin vorgezeichnet gewesen und dann lediglich ausgemalt worden... Ein kleines Wunder, woher haben Sie das?" Aber schon war ich davongeeilt. „Geben Sie Acht auf Ihre Ikone", waren die letzten Worte, die ich noch hörte. Ich stellte die Ikone in meinen Bücherschrank, neben die Korolenko-Bände.

* * *

Vor allem Andrejs Abschiedsworte ließen mir keine Ruhe. Was hatte er gemeint, als er von „der Königin" sprach? Auch wollte ich mehr über die Zeder erfahren und befragte die Wissenschaft, zuerst über das Internet und dann in den weiten Sälen der Bibliotheken. Bereits meine ersten Nachforschungen brachten sehr interessante und zugleich merkwürdige Ergebnisse. So stieß ich auf einige Dutzend

Zedern-Unterarten, die alle zur großen Familie der Piniengewächse (lateinisch Pinaceae) gehören.

Die Zedernbäume werden in so genannte echte oder südliche Zedern und in die zedernartigen Kiefern unterteilt. Zu den Ersteren gehören vor allem: die Libanon-, die Atlas-, die Himalaja- und die Zypern-Zeder. Sie haben eine ausladende Krone, bläulich-grüne Nadeln und kleine Zapfen mit ungenießbaren Samen. Meine kurze Beschreibung dieser Arten fange ich mit der berühmten Libanon-Zeder aus den biblischen Geschichten an.

Libanon-Zeder
Cedrus libani
Vorkommen: Libanon, Türkei (südliches Anatolien)

Der Baum erreicht ein Alter von bis zu 3.000 Jahren, eine Höhe von bis zu 40 Metern und eine Stärke (Stammdurchmesser) von bis zu 3 Metern. Die Krone, anfangs konisch, wird im Alter schirmförmig, die Äste wachsen dann horizontal. Die Nadeln sind kurz (1,5 – 3,5 cm), grün oder bläulich-grün wie die von Lärchen. Die Zapfen sind walzenförmig, 8 – 10 cm lang und 4 – 6 cm breit.

Atlas-Zeder
Cedrus atlantica
Vorkommen: Nordafrikanisches Atlasgebirge (Algerien, Marokko)

Bis zu 40 Meter hoch und 2,5 Meter stark wird diese Zedernart. Ihre Krone ist konisch, Benadelung hart und

kurz (bis 2,5 cm). Ihre eierförmigen Zapfen mit einer Länge von 4 – 7 cm und einer Breite von 3 – 4 cm reifen im Dreijahre-Rhythmus. Der Baum ist dürre- und frostbeständig (verträgt Temperaturen bis -25 °C).

Himalaja-Zeder
Cedrus deodara
Vorkommen: Gebirgsregionen Afghanistans und des nord-westlichen Himalaja

Bis zu 60 Meter hoch und 5 Meter stark wird der Stamm dieses Baumes. Die pyramidale Krone wird im Alter dadurch abgerundet, dass sich die horizontal wachsenden Äste nach unten neigen. Die Nadeln sind bis zu 5 cm lang, grün oder bläulich und silbrig-grün. Die zylinderförmigen Zapfen mit der Länge von 7 – 10 cm und Breite von 5 – 10 cm reifen im Zweijahres-Rhythmus. In Indien und in China gilt der Baum als heilig (daher der Name „Deodara" – Götterbaum) und wird oft in der Nähe von Tempeln gepflanzt.

Zypern-Zeder
Cedrus brevifolia
Vorkommen: Zypern

Im Unterschied zu der Libanon-Zeder niedrig (bis 15 Meter), mit dunkleren grünen oder blaugrünen Nadeln (0,5 – 1,5 cm) und eierförmigen Zapfen (4 – 8 cm lang).

Jetzt gehe ich zu den zedernartigen Kiefern über und möchte die fünf bekanntesten Arten näher betrachten. (Dabei wäre zu erwähnen, dass die gemeine Kiefer mit ihren etwa siebzig Arten über die ganze Erde verbreitet ist.)

Die europäische Zeder (Arve, Zirbe, Zirbelkiefer)
Pinus cembra
Vorkommen: Alpen, Karpaten, Hohe Tatra (Mitteleuropa, Ukraine)

Die Zirbelkiefer, deren forstwirtschaftliche Nutzung wegen Trägwüchsigkeit und Verbissschäden nahezu erfolglos blieb, gedeiht jedoch in vielen europäischen Privatgärten. Sie wächst zu einem bis zu 25 Meter hohen und 1,7 Meter starken Baum heran. In der Jugend ist ihre Krone schmal pyramidal und reicht bis zum Erdboden, später wird sie breit, unregelmäßig geformt und mehrstämmig. Die Nadeln sind verhältnismäßig kurz (5 – 8 cm), ihre Anzahl in einem Bündel ist variabel (meistens fünf, es können aber von 3 bis 7 Nadeln pro Kurztrieb sein). Die eiförmigen, stumpfen Zapfen (5 – 8 cm lang und 3,5 – 6 cm breit) enthalten 12 mm lange, essbare Früchte (die Zirbelnüsse). Die Zirbelkiefer ist mit der sibirischen Zeder (Beschreibung folgt) sehr eng verwandt.

Die koreanische Zeder
Pinus koraiensis
Vorkommen: Korea, Japan und Russland (Amur-Gebiet)

Der Baum wird bis zu 42 Meter hoch und bis zu 2 Meter stark. Die Krone ist stets mehrstämmig (wahrscheinlich wegen der Empfindlichkeit der Haupttriebe). Die Benadelung ist leicht bläulich-grün, sehr selten goldgelb und besteht aus 7 – 17 cm langen Nadeln. Das leicht rosafarbene Holz hat kaum Risse und ist hervorragend für Möbelherstellung und Schnitzerei geeignet. Ein Baum trägt 25 – 100 Zapfen mit sehr großen (15 – 20 mm) essbaren Samen (was in guten Erntejahren einen Ertrag von 150 – 450 kg Samen pro Hektar ergibt). In Europa wird der Baum dank seines originellen Aussehens seit 1846 in Parks kultiviert.

Die Zwergzeder
Pinus pumila
Vorkommen: Russland (Westsibirien und Insel Sachalin), China, Japan

Dieses sehr anpassungsfähige, nur 3 – 4 Meter hoch werdende oder gar am Boden kriechende Bäumchen mit langen dünnen Zweigen wächst auf sandigen oder steinigen Böden, oft an steilen Berghängen. Seine 4 – 8 cm langen graugrünen Nadeln stehen zu fünft in den Bündeln. Sie enthalten sehr viel Vitamin C und werden daher von den Einheimischen gegen Skorbut eingesetzt. Die ersten Zapfen entwickelt die Zwergzeder nach 25 – 30 Jahren und trägt sie dann jedes Jahr, gute Ernten sind allerdings selten (jedes zweite oder dritte Jahr). Die Zapfen des Baumes sind klein (4 –5 cm lang) und enthalten je 35 – 40 Samen von 5 – 6 mm Länge.

Die italienische Zeder (Pinie)
Pinus pinea
Vorkommen: Nördlicher Mittelmeerraum, Mazedonien, Kreta, Nordafrika, Kanarische Inseln

Der Baum wird 25 – 30 Meter hoch und bis zu 1,9 Meter stark, ist aber nicht sehr langlebig (bis zu ca. 200 Jahre). Bis zum 25. Lebensjahr rundlich, wird die Krone nach 50 Jahren deutlich schirmförmig. Die oft leicht gebogenen, sehr langen Nadeln (bis zu 20 cm) stehen zu zweit (selten zu dritt) am Kurztrieb. Die großen, 11 – 13 cm langen Zapfen enthalten essbare Pinienkerne (15 –20 mm lang und 7 –11 mm breit).

Uff, bin ich müde... Systematik ist wahrscheinlich nicht gerade meine Stärke. Es würde mir viel leichter fallen, mit eingebildeten, „absolut genialen“ Persönlichkeiten Interviews zu führen oder über den neuesten Tratsch aus dem Leben unserer Elite zu schreiben...

* * *

Heute ist Sonntag und ich habe mir für heute den Stolz Russlands und das Symbol Sibiriens – die sibirische Zeder – vorgenommen.

Die sibirische Zeder (Kedr)
Pinus sibirica
Vorkommen: Russland (vor allem Sibirien, Ural- und Altaigebirge), Mongolei

Der Baum wird 40 – 50 Meter hoch, bis zu 2 Meter stark und erreicht ein Alter von 800 Jahren. Die dichten und schmalen (konischen oder zylinderförmigen) Kronen der jüngeren Bäume werden im Alter tiefreichend. Die silbrig-aschefarbene Rinde der Jungbäume färbt sich im Alter grau-braun. Die hell- bis dunkelgrünen Nadeln stehen zu fünft am Kurztrieb, die Zapfen sind grau bis dunkelbraun, walzenförmig, 5 – 13 cm lang und 4 – 8 cm breit.

Zur sibirischen Zeder finde ich in der russischen Literatur mehr als über die anderen Zedernarten, und dies nicht ohne Grund: Die ausgedehnten Waldbestände dieser Zedernart bedecken riesige Flächen vom Ural im Westen bis zum Pazifischen Ozean im Osten und vom Polarkreis im Norden bis zum mongolischen Fluss Orgon im Süden. Das entspricht einer etwa 4500 km langen und 2700 km breiten Landfläche! Auch die Höhenunterschiede sind gewaltig: die sibirische Zeder wächst von den Flussniederungen bis auf 2580 Meter hohen Gipfeln, so dass sie praktisch die natürliche Waldgrenze im Gebirge bildet.

Die sibirische Zeder, so lese ich, sei die eigentliche Lebensgrundlage für Vögel, Tiere und... Menschen. Wie denn das? Der leichte, angenehme Duft des Baumes wirke desinfizierend, sein Harz habe wundheilende Wirkung, sein Holz weise wunderbare Klangeigenschaften auf, seine Nadeln, Pollen und Kurztriebe würden in der Volksmedizin gegen verschiedene Krankheiten angewendet, doch es sei vor allem der Same, oder die so genannte Zedernuss, der

die Sibirier ihre gute Gesundheit verdankten. Die Analysen der chemischen Zusammensetzung der Zedernuss, die nun folgen, belegen ihren hohen Wert. Zedernöl wird als natürliches Konzentrat der Heileigenschaften der Zedernüsse bezeichnet. Ich blättere weiter, und sieh da... unter den verschiedenen Namen, mit denen die Einheimischen ihrem Zedernbaum danken, lese ich:
KÖNIGIN DER TAIGA!

Das Wort „Königin" ruft mir Andrejs Abschiedsworte wieder ins Gedächtnis, und ich erinnere mich zugleich an seinen Rat: „Kümmere dich um die Zeder – sie ist dein Baum!" Ich lese aufmerksamer weiter.

„Wegen des hohen Nährwerts ihrer Samen (der Zedernüsse) sowie der exzellenten Qualität ihres Holzes und ihres Harzes (des Terpentins) gilt die sibirische Zeder seit vielen Jahren als einer der wertvollsten Bäume unserer Erde", schreibt Dobrovolskij.

„Zedernhaine bieten reichhaltige Nahrung, wertvolles Holz und Rohstoffe für die chemische Industrie, sie sind außerdem Lebensraum vieler Tier- und Vogelarten, von Beerensträuchern und Heilkräutern", so Bach und Taran.

„Die Schätze der Taiga – Zedernüsse, Preisel- und Moosbeeren, Hermelinpelze – gehörten noch zur Zeit Ivans des Schrecklichen zu begehrten Exportwaren. Das Zedernholz diente als Material für Sakralbauten (Kirchen, Kirchenaltäre, Ikonenwände) und wurde im Schiffsbau, Hausbau sowie bei der Möbelherstellung verwendet", so Krylova, Talishcheva und Kasakova.

„Welch eine Erhabenheit allein in seinem stattlichen Wuchs, welch eine Seligkeit im Schatten seiner Kronen“, schrieb Dmitrieff im Jahre 1818 über den Zedernbaum.

Übereinstimmend loben viele Beschreibungen **„den hohen wirtschaftlichen Wert“** (Tarasenko) und die **„königliche Fülle und schweigsame Schönheit der Zedernhaine“** (Baryshevzev).

Es wundert mich nicht, dass die Sibirier „ihren Baum“ als Brotbaum, Kirchenbaum, heiligen Baum, rettenden Baum oder klingenden Baum bezeichnen. Die Wissenschaftler Bach und Taran schreiben, dass die zum Ural vorgedrungenen Kosaken die sibirische Zeder „Recke“ nannten, die Bauern von Tobolsk sagten „Urbaum“ und die Einwohner des Berglandes Schoria „Nährender Baum“. Auch einen sehr romantischen Namen gibt es für die Zeder: Nebelbaum. Dessen Herkunft ist allerdings weniger romantisch – die sibirische Zeder bevorzugt feuchte Böden.

Viele Sibirier glauben, dass eine eigenhändig gepflanzte Zeder – ob im Wald oder am Haus – über ihre üblichen Gaben hinaus für den Menschen auch ein persönlicher Schutz sei. Die Zeder trägt ihre „berühmten“ Zapfen als einzelner Baum übrigens erst mit 13–15 Jahren, als Waldbaum gar erst mit 40 – 50 Jahren. Anscheinend ist es in einer Großfamilie nicht so wichtig, sich mit der Fortpflanzung zu beeilen.

Überhaupt war ich erstaunt, wie gesellig die sibirische Zeder ist. Ihre Samen haben keinen Flügelansatz und sind also bei ihrer Verbreitung auf fremde Hilfe angewiesen.

Andererseits hilft auch die Zeder vielen Tierarten zu überleben. Wissenschaftler haben beispielsweise festgestellt, dass das Hermelin unfruchtbar wird, wenn in seiner Nahrung keine Zedernüsse enthalten sind. (Ein Hinweis auf ihren hohen Gehalt an Vitamin E!)

Dabei ist der Prozess der Samenreifung gar keine so unkomplizierte Sache: Erst 14-15 Monate nach der Bestäubung erreichen die Zedernzapfen ihre volle Größe, ihre endgültige Reife erst nach ca. 26 Monaten! Für den Ernteertrag ist das Wetter im Frühsommer entscheidend. Zu kalter und zu nasser Juni und Juli wirken sich negativ auf die Ernte der nächsten beide Jahre aus. Nach zu heißen Sommern wachsen die jungen Zapfen allerdings auch schlecht.

Bei optimalen Witterungsbedingungen gewinnt man etwa 400-650 kg Nüsse pro Hektar, solche Ernten kommen einmal in 5-6 Jahren vor. Spitzenernten liegen sogar bei bis zu 2 Tonnen pro Hektar, treten aber sehr selten auf (alle 10-20 Jahre). Die besten Erträge bringen die Bäume im Alter zwischen 160 und 260 Jahren, nach 500 Jahren klingt die Fruchtentwicklung der Bäume immer mehr ab.

Ich möchte meinen Exkurs über die zweifellos wichtigen Ertragsangaben für einen Augenblick unterbrechen, denn ich bin gerade auf eine interessante Information gestoßen: Die sibirische Zeder wächst und gedeiht nicht nur in Sibirien! So sind im europäischen Teil Russlands zahlreiche Zedernkulturen vorhanden, in vielen Parks und botanischen Gärten, in den Gärten der ehemaligen Feudalherren und vor allem bei Kirchen und Klöstern. Es wundert mich sehr, dass die weitab ihres natürlichen Verbreitungsgebietes (z. B. auf den klösterlichen Ländereien von Jaroslavl und Tolgsk) stehenden Zedernbäume nicht nur bestens gedeihen, sondern auch gute Nussernten erbringen. Auch in und bei Moskau und St. Petersburg gibt es die sibirische Zeder (Die Setzlinge wurden im 17. und 18. Jahrhundert aus dem Ural eingeführt). Die sibirische Zeder wächst bei Suzdal, Ivanovo und auf den Solovki-Inseln.

Doch zurück zu den Zedernüssen. Ich möchte meine Beschreibung fortsetzen, vor allem um darauf aufmerksam zu machen, in welchem Ausmaß dieses heute nahezu vergessene Produkt einst exportiert wurde. Allein im Altai betrug die durchschnittliche Nussernte zu Anfang des 20. Jahrhunderts 5.000 Tonnen pro Jahr! Dazu kamen noch jährlich bis 240 Tonnen, die für die Herstellung von Zedernöl verwendet wurden. Die Gesamtfläche der Zedernwälder im Altai betrug 654.000 Hektar. Bei Tomsk stand die Zeder sogar in Kultur (z. B. in Windschutzstreifen) und wurde intensiv genutzt (bis 670 kg Nüsse pro Hektar und 30 kg pro Baum). Noch im Jahre 1927 wurden 12.000 Tonnen Zedernüsse in Sibirien geerntet.

Zur ökologischen Bedeutung der Zedernhaine: Es ist nichts Neues, dass man Wälder als die Lungen unserer Erde bezeichnet. Außerdem verhindern Bäume im wörtlichen und im übertragenen Sinne die Verwüstung unserer Erde. Doch von einer bakteriziden, also keimtötender Wirkung der Bäume habe ich noch nie gehört...

**„Nach der Anpflanzung der sibirischen Zeder entfaltet sich im Laufe mehrerer Jahrhunderte ihre positive Wirkung auf die Umgebung, und zwar:
auf die Bodenqualität (gegen Erosion und Verdichtung des Bodens),
auf das Mikroklima (wind-, temperatur-, feuchte- und sogar radioaktivitätsregulierend),
auf die Luftqualität (nicht nur sauerstoffbildend, sondern auch -ionisierend und -vitalisierend).“** (Chemjakina)

„Die sibirische Zeder ist in der Lage, die Luft zu desinfizieren und krankheitserregende Bakterien abzutöten.“ (Prjashnikow und andere Autoren)

„In Zedernhainen ist die Luft beinahe steril: Sie enthält nur 200-300 bakterienartige Einzeller pro Kubikmeter, für die OP-Räume der Krankenhäuser sind dagegen ganze 500-1000 Stück zugelassen. Die sibirische Zeder übertrifft in dieser Eigenschaft die meisten Laub- und Nadelbäume wie auch die Kiefer selbst.“ (Krylov, Prjashnikow)

„Am Tag gibt ein Hektar sibirischer Zeder bis zu 30 kg bakterizid wirkende organische Stoffe von hohem energetischen Wert an die Luft ab. Dies allein würde ausreichen, um die Luft einer größeren Stadt vollständig von krankheitserregenden Mikroorganismen zu reinigen.“ (Paramonov)

Die Pflanzung von Zedernwäldern wäre demnach ein großer Schritt zur Verbesserung der geoökologischen Situation, vielleicht gar zur Rettung unseres erstickenden Planeten. Doch dafür wären weltweite staatliche Programme notwendig... Nun aber genug für heute – ich gehe lieber früh ins Bett, weil morgen in der Redaktion eine „Frühversammlung“ ansteht und Zuspätkommen hart bestraft wird.

* * *

Mir ist fröhlich zu Mute. Jung und kräftig, sitze ich Schulter an Schulter mit meinem Kameraden da. Eins-und-zwei-und-eins-und-zwei-und... Wir rudern – die Trommelschläge geben uns den Takt vor. Sie werden schneller, und auch wir werden schneller. Unsere Schiffe gleiten um die Wette, sausen am nackten, felsigen Ufer entlang, scheuchen die wilden Tiere auf. Wir sind zu vielen, um die Tausend Mann, gut gerüstet, sogar mit Kanonen am Bord. Alle wissen, dass uns eine harte Zeit bevorsteht und dass nicht alle zurückkommen werden. Keiner hat Angst, es sind alles durchgebrannte Gesellen. Nur Frost wäre schlecht – wir müssen uns vor dem ersten Frost ein Quartier verschafft haben, deswegen die Eile.

Wir hatten ein paar Flachmäuler mitgenommen, die uns den Weg zeigen sollten. Doch schlau, wie sie waren, haben sie sich befreit und sind entkommen. Jetzt wissen wir nicht mehr, ob wir in die richtige Richtung fahren. Immer öfter haben wir Flachwasser, und dann heißt es: Alle Mann raus, Bäume fällen, Wehre errichten, im tieferen Wasser weiter ziehen. Keine freie Fahrt mehr. So bis zur Quelle des Flusses – und sieh einer an: der erste Schnee. Schluss also mit der Fahrerei!
Winterlager bauen ist nun angesagt, und der Winter hier ist lang. Einige hauen ab, sie wollen, dass ich mitkomme. Ich gehe nicht mit – dazu bin ich nicht hierher gekommen und habe dem

Ataman mein Wort gegeben. Ich bereue es nicht, denn als unser Ataman die Flucht bemerkt, schickt er einen Trupp Männer hinterher. Ich werde per Los bestimmt, die Hinrichtung zu übernehmen. Schrecklich und doch gerecht. Löcher werden ins Eis gebohrt, die Gefesselten in Säcke gesteckt und ab ins Wasser... Keiner hat um Gnade gebeten, sie wussten ja, dass es die bei uns ohnehin nicht gibt.

Der Frühling kommt und das Eis schmilzt, unser Spähtrupp entdeckt einen schiffbaren Fluss. Wieder freie Fahrt! Die Ufer werden immer steiler und der Wald immer dunkler. Unheimlich – bald werden sich wohl die Einheimischen zeigen... Sie kommen, als wir gerade am Fluss rasten. Die Flachmäuler gegen uns, Mann gegen Mann. Doch wir haben Gewehre und Kanonen, die sie wohl noch nie gesehen haben. Viele fallen, einige davon durch mein Schwert. Mehr noch: ich rette in diesem Kampf unserem Ataman das Leben.

Der Ataman holt mich näher zu sich heran – er ist konsequent im Bösen wie im Guten. Schwer sind die Tage jetzt, die Flachmäuler lassen uns keine Ruhe, verfolgen uns und schießen aus dem Hinterhalt auf uns. An unsere Gewehre haben sie sich gewöhnt, gemerkt, dass wir nicht immer treffen. Jetzt versperren sie uns den Weg – eine Riesenschar steht gegen uns, an der Spitze ihr Stammesoberster. Wie ein Gewitter fallen sie über uns her – wir halten dagegen. Ein Tag vergeht, zwei Tage, drei Tage. Das Wasser im Fluss ist rot gefärbt, wir sind hundemüde. Unsere vorderen Reihen sind überrannt, wir laufen zu den Schiffen. Nein, kein Rückzug! Der Ataman selbst stürmt vor und wütet unter den Feinden. Ich hinterher. Die Flachmäuler weichen zurück, ja sie fliehen. Endlich! Ich kann nicht mehr, stehe da und heule vor Wut, Müdigkeit und Freude...

Als ich erwache, setze ich mich auf und komme langsam zu mir. Meine Augen sind tränengefüllt, meine Hände zu Fäusten geballt. Dann lässt die Anspannung nach, und ich bemerke, dass ich in meiner Wohnung in St. Petersburg bin, es Nacht und Herbst ist und dass es der Regen ist, der da an die Fensterscheibe klopft. Was sollte das schon wieder? Wieder so etwas zwischen Traum und Halluzination, wie im Kaukasus? Doch so quälend war das damals nicht gewesen und ich hatte verstanden, was ich sah. Hier ist nichts klar und so fürchterlich... Aber ich will erst einmal weiterschlafen.

Vor dem Fenster dämmert es. Ein grauer St. Petersburger Herbstmorgen. Ich stehe auf und versuche mich an die Nacht zu erinnern. Irgendetwas war nicht in Ordnung. Aber was? Ich schlüpfe in meine Klamotten – ich muss los, in die verdammte Versammlung. Mein Chef ist streng, mein Ataman... mit einem Mal kann ich mich wieder an alles erinnern. Und es ist mir wichtiger als irgendeine Versammlung. Ich kritzele schnell aufs Papier, was ich noch weiß. Erst dann flitze ich los, raus, zu den Menschen, zu meinen Freunden, in eine klare und verständliche Welt, die gestern noch ganz meine war.

* * *

Nach jener Nacht vergingen etliche Tage, und jeden Abend musste ich gegen eine merkwürdige Angst vor dem Einschlafen ankämpfen; ich schlief nur kurz und wachte oft durch mein eigenes Stöhnen auf. Langsam aber ebbte die Angst ab, und ich wehrte mich nicht mehr gegen den Gedanken an jenen Albtraum. Ich konnte wieder arbeiten, auch an meinem „wissenschaftlichen“ Zedernbericht. Da ich beruflich viel mit gesprochenem und geschriebenem Wort umgehe, interessierte mich – weit mehr als die Länge der Zedernzapfen – die Herkunft des Namens „Zeder“.

„Cedrus“ (Latein) kommt laut Lexikon vom altgriechischen „kedros“ (wohlriechend). In den lateinischen Bezeichnungen der Zedernbäume sehen wir dieses Wort nur in der Unterfamilie der echten Zedern. Die anderen tragen den Namen „Pinus“ (vom lateinischen „arbor pinus“ – harziger Baum), und unter ihnen ist unsere „Königin“ Pinus sibirica. Wie kam sie zu ihrem heutigen Namen „kedr“ (Zeder)? Es gibt dazu mehrere Hypothesen. Die häufigste erzählt von den Römern, die vor über zweitausend Jahren Kreta einnahmen und im hohen Gebirge der Insel den frostresistenten Baum vorfanden, den sie „cedrus“ nannten, wegen seiner Ähnlichkeit mit den Zedernarten, die sie aus ihrer Heimat kannten.

Carl von Linné führte in seiner „Philosophia botanica“ (1751) die binäre Nomenklatur für botanische Arten ein und gliederte diese zedernartige Kiefer unter dem lateinischen Namen „Pinus cembra“ in sein berühmtes Systema naturae ein. Er unterschied noch nicht zwischen ihrer europäischen und asiatischen (sibirischen) Art.

Nach „cembra“ wird die zedernartige Kiefer in Deutschland „Zirbe“ und in Russland „kedr“ genannt. Erst einige Zeit später erhält die „Königin der Taiga“ von den Gelehrten ihren eigenen Namen: Pinus sibirica du Tour (1803) und Pinus sibirica Mayr (1900). Es wird auch bis heute noch gestritten, ob die sibirische zedernartige Kiefer nur

eine Varietät der europäischen wäre (Pinus cembra var. sibirica) oder ob es dabei um eine eigene Art ginge.
Und nun eine russische Etymologie der Baum-Bezeichnung: Die in den Ural und später nach Sibirien vordringenden Kosaken, begeistert von den prächtigen, wohlriechenden Bäumen, nannten sie „Zedern“ – dem legendären Bibel-Baum aus dem Libanon zu Ehren.

Interessant dabei ist, dass ich zwar bei meiner Recherche keine russische Wurzel zur Entlehnung „Zeder“ finden konnte, jedoch auf das tschechische „borovice“ (Zirbelkiefer) aufmerksam wurde. Angenommen, der altslawische Wortstamm für die zedernartige Kiefer war „**bor**“, denn so heißt der Nadelwald noch im heutigen Russisch (so z. B. der Kiefernwald – „sosnowyj bor“). Ich würde dann „bor“ semantisch auf das slawische „brati“ (nehmen, ernten) zurückführen, womit die herausragende Bedeutung des Baumes für den Menschen unterstrichen wäre. Vergleichen Sie damit bitte das russische „brat“ (Bruder) oder das altslawische „bo“ (sein) und „boch“ (Gott – sinngemäß also der Seiende). Alles existenzielle Wurzeln...

Ich sehe ein, dass Wissenschaftler sehr geduldige Menschen sind. Ich selbst empfinde inzwischen eine leichte Unzufriedenheit, denn ich wollte einfach nur die Herkunft des Namens „sibirische Zeder“ wissen und habe mittlerweile ein Namens-Wirrwarr und eine Menge Hypothesen vor und in mir. Verzeihen Sie, liebe Leser, wenn Sie mir überhaupt noch folgen...

Zum Glück klingelt es gerade an der Tür! Sicher ist es Iraida, alias Rotkäppchen, nur sie kann mich so einfach „den Fängen der hohen Wissenschaft entreißen". Ach so, ich selber habe sie zu einem Spaziergang eingeladen! Wohin? Sie werden mit Ihren Vermutungen ganz falsch liegen. Wir gehen in den St. Petersburger Botanischen Garten – dort hoffe ich die sibirische Zeder zu finden. Und worauf hofft Rotkäppchen? Einigen unbestätigten Gerüchten nach hofft sie auf mein Ja-Wort. Unmerklich könnte vielleicht unsere Familie entstehen. Ob sie mir gefällt? Ja, schon...

Ich weiß selber nicht, worauf ich noch warte. Auf die große Liebe vielleicht. Oder gibt es die nur noch im Museum zu besichtigen?

Doch wenn ich ehrlich bin, ist Rotkäppchen ein „guter Kumpel". Mit ihr ist es einfach, die Zeit herumzubringen. Ich neige zu Pessimismus und zu Schweigsamkeit, und Rotkäppchen bringt mich raus aus solchen Sackgassen. Marsch, marsch! Ich schwätze hier und an der Haustür unten erwartet mich – vielleicht – meine Zukunft...

* * *

Nach unserem Ausflug vergingen einige Tage... Wir hatten an einer Führung durch den Botanischen Garten teilgenommen und tatsächlich einige Prachtexemplare der Libanon-, Himalaja- und Atlaszeder gesehen. Auch „unsere Sibirierin" hatte ich entdeckt. Allein die Leiterin der Führung wollte sie nicht als eine Zeder anerkennen. „Dieser Baum", meinte sie zu mir, „hat mit den Zedern nichts gemeinsam. Diese sibirische Kiefernart wird im Volksmund nur irrtümlich sibirische Zeder genannt." Meine trotzigen Versuche, Parallelen zwischen den Baumarten zu ziehen, parierte sie mit dem kräftigsten aller Argumente: „Sie, junger Mann, waren noch nicht geboren, als ich bereits jedes Grashälmchen beim Namen kannte. Ihr Jungen wollt immer alles besser wissen!" Danach schien jede weitere Frage unmöglich, ich entschuldigte mich und wir verließen die Gruppe.

Mein nächtlicher Albtraum verblasste allmählich und quälte mich nicht mehr. Ich hätte ihn bald ganz vergessen – doch das verhinderte mein Freund und Kollege Nikolai Artemjew. Der wissensbegierige und hochbegabte Historiker war nach dem Abschluss seines Studiums in Moskau in seine Heimatstadt zurückgekehrt. Warum? Er hing seinen eigenen Worten zufolge zu sehr an St. Petersburg. Immerhin entstammte er einer alten St. Petersburger Familie, sein Urgroßvater, wenn ich mich nicht irre, war Professor am Institut für Bergbau und ein persönlicher Freund Mendeleevs gewesen.

Nikolai, der für mich einfach Kolja hieß, besuchte mich jedenfalls, und wir sprachen über alles Mögliche und vor allem über uns selbst. Ich erzählte meinem Freund von meiner nächtlichen Unruhe, die so unerwartet stark und lange nachwirkte. Er hörte aufmerksam zu, ohne mich zu unterbrechen. Nach meinen letzten Worten schlug er mit der flachen Hand kräftig auf den Tisch und lachte laut: „Alter, das ist eine Aufgabe für einen Fünftklässler!" Ich kannte ihn zu gut, um ihm seine Worte übel zu nehmen, und war eher gespannt, was an meiner Erzählung ihn zum Lachen gebracht hatte.

„Zu Ihnen, mein Lieber", hub mein Historiker immer noch lächelnd an, wobei er mich spaßeshalber siezte, „hätte Amerika mit dem Oberbefehlshaber der Kontinentalarmee Sir George Washington oder die Arktis mit ihrer legendären Sannikov-Erde, einem warmen und von einem friedlichen Volk bewohnten Vulkan mitten im ewigen Eis, besser gepasst. Doch auch die Zeit, an der Sie teilnehmen durften, war sehr ereignisreich, wenn auch alles andere als klar und friedlich. Aber Sie wissen ja, dass es zu keiner Zeit ruhig zuging, jedenfalls nicht in unserem Heimatland."

„Wir befinden uns am Ende des 16. Jahrhunderts: die letzten Lebensjahre Ivan des Schrecklichen, ununterbrochene Kriege im Osten, die für Russland nicht immer erfolgreich ausgehen. Und stell dir vor", Nikolai duzte mich wieder, „in dieser blutigen Zeit meldet sich ein Kosak beim Zaren und sagt: ‚Eure Durchlaucht, wir haben ein Fleckchen Erde im Osten besetzt – nicht sehr viel, aber auch nicht wenig, so groß wie Europa vielleicht.' Irrwitzig, aber so ähnlich war es. Es war der Kosakenataman Ivan Koltzo, der diese Nachricht von den großen Eroberungen im Osten dem Zaren überbrachte. Sibirien fiel damit offiziell unter die russische Herrschaft."

„Wer waren denn damals unsere Feinde?", fragte ich und antwortete selber: „Ach ja, Tataren."

„Genauer: Sibirisches Khanat."

„Und der Ataman, dem ich das Leben rettete? War es Ivan Koltzo?"

„Ich denke, du dürftest höher greifen. Jermak Timofeewitsch."

„Jermak? Warum bin ich eigentlich nicht selbst darauf gekommen? Aber was weiß ich denn schon von ihm?" Ich kannte gerade einmal den Namen von Surikovs Gemälde „Die Eroberung Sibiriens durch Jermak", das im St. Petersburger Russischen Museum hängt.

„Es ist aber deine eigene Schuld, dass du, ein St. Petersburger Intellektueller mit Universitätsabschluss, nicht einmal deine eigene Geschichte kennst."

Nikolai hatte gewiss Recht. Wie viel Zeit hatte ich als Student vergeudet!

„Jermak war Ataman der freien Kosaken, man könnte auch sagen: der Anführer einer Räuberbande. Seine Raubzüge unternahm er auf der Wolga und im Kaspischen Meer. Festgenommen und vom Gericht zum Tode verurteilt, entkam er den Dienern des Zaren und hielt sich danach am Fluss Kama und später noch weiter im Osten, im Ural, auf. Dort gaben die Brüder Stroganov damals den Ton an. Sie waren unermesslich reich und schielten dennoch auf die Schätze Sibiriens. Sie rüsteten Jermaks Truppe aus und finanzierten seinen Feldzug. So fing die Eroberung Sibiriens an. Drei Jahre dauerten die erbitterten Kämpfe der russischen Kosaken gegen die Tataren, der Feuerwaffen gegen die Überzahl, geprägt von Erfolgen und schweren

Verlusten. In den Kämpfen wurde Jermaks Truppe stark dezimiert, auch der Ataman selbst fiel."

Ich schwieg, von schwerer Traurigkeit ergriffen. Da also fing die russische Geschichte der sibirischen Zeder an – mit der Eroberung Sibiriens. Und in dieser Nacht, während ich einschlief, erwachte in mir der starke Wunsch, wieder dort und damals zu sein, um zu erfahren, was mit mir und mit Jermaks siegreichem Heer weiter geschehen würde... Ich spürte noch, wie mein Traum wieder lebendig wurde und mich aus meiner St. Petersburger Wohnung entführte...

* * *

Wir bereiten uns auf die Schlacht vor, die über unser Schicksal entscheiden wird: ob wir lebendig oder tot in Sibirien bleiben werden. Vor uns erhebt sich ein großer Hügel und darauf, hinter einem Erdwall, die Tataren. So viele auf einmal haben wir noch nicht gesehen. Der Tatarenführer – Khan Kutchum – ist auch auf dem Hügel, seine Krieger sind wütend auf uns und schwören ihm, uns zu vernichten. Hinter dem Hügel liegt die Tatarenhauptstadt Kashlyk.

Die Sonne geht auf, wir beten und die Tataren hinter dem Erdwall beten, ihre Mullahs singen seltsame Lieder. Wir stellen unsere Schlachtreihen auf: vorne die besten Schützen, die Hinteren laden die Gewehre. Ich stehe am Rande der ersten Reihe und weiß schon jetzt, welchen der Tataren ich töten werde – ziele auf ihn. Wir schlagen als Erste los, wozu noch warten: wer heute sterben muss, wird dem Tode so oder so nicht entkom-

men. Wir erstürmen den Wall – die Tataren beschießen uns, gießen heißes Öl herunter. Schreie, Schimpfen, Stöhnen...

Doch unser Ataman ist schlau: Er befiehlt den Kanonieren, vorerst nur mit Lappen zu schießen. Die Tataren merken schnell, dass die Kanonen bei ihnen keinen Schaden anrichten. Sie gehen auf ihren Pferden gegen die Kanoniere los und schreien im Rausch eines leichten Sieges. Da aber donnert es richtig: direkt in den Tatarenhaufen hinein. Ihre Pferde fallen zu Boden, wiehern in Todesangst, stolpern übereinander. Viele bleiben vor den Kanonen liegen – und wir kehren vom Wall zurück, unserer Artillerie zu Hilfe. Es wird jetzt vor den Kanonen gekämpft: auf einen von uns kommen bis zu zehn von ihnen. Der Kampf dauert lange, sehr lange.

Doch der Sieg ist unser – die Tataren ziehen ab. Nie bin ich so erschöpft gewesen. Aber auch noch nie so froh: Sibirien gehört jetzt uns, wir sind nicht umsonst hierher gekommen. Ich habe keine Kraft mehr, mein Kettenhemd allein auszuziehen.

Am nächsten Tag heißt es: Verwundete versorgen und Gefallene begraben. Erst am Tag danach ziehen wir weiter, nach Kashlyk. Ein merkwürdiger Anblick: die gut befestigte Stadt ist leer. Khan Kuchum hat also Angst vor uns und ist fortgezogen. Die Stadtmauer ist gewaltig und tief die Gräben davor – wie hätten wir diese Stadt bloß einnehmen sollen? Gott sei Dank! Wir suchen und finden reiche Schätze: Gold, Pelze, Teppiche. Nur eines fehlt: Essensvorräte.

Wir bereiten uns auf den nächsten Winter vor. Hier, in den dikken Mauern, sind wir gut geschützt. Der Herbst vergeht im Flug, und der eisige, elende Winter bricht an. Wir haben alle

Vorräte aufgezehrt und müssen nun die Umgebung nach Proviant absuchen. Die Tataren lauern uns auf. Ataman Koltzo und vierzig Kosaken geraten in eine Falle – keiner kehrt zurück. Jermak verbietet leichtsinnige Ausflüge.

Im Frühling erwischt es mich. Wir gehen zu viert zum Fluss Irtysch Fische fangen und bringen reichen Fang zurück, doch wir erreichen die Stadt nicht. Alle bleiben wir auf dem Weg liegen, meine Kameraden tot und ich halbtot.

Der Ataman weint bitterlich – immer kleiner wird sein Heer, und mich liebt er wie seinen eigenen Sohn. Ich liege derweil im Sterben und erkenne nichts und niemanden. Der Ataman schickt einen Trupp zum Schamanen von Wagulje, dem viele Wunder nachgesagt werden. Der herbeigerufene Schamane verlangt kein Gold, aber heilt mich, holt mich aus dem Tode zurück. Erst im Sommer fange ich wieder zu laufen an und nehme auch nicht an unserer nächsten Schlacht teil, als die Tataren ihre Stadt zurückerobern wollen. Doch auch diese Schlacht gewinnen wir – viele Tataren bleiben vor den Stadtmauern liegen, die anderen ziehen sich weiter in die Taiga zurück.

Um uns wird es sicherer – die Tataren greifen uns nicht mehr an. Ich gehe oft in den Wald, der direkt hinter den Stadtmauern beginnt. Riesige Bäume von einmaliger Schönheit gibt es hier. Solche Bäume wachsen bei uns nicht, oder ich kann mich an sie nicht mehr erinnern. Früher habe ich zuviel gekämpft und gemordet und mir zu selten die Bäume angeschaut. Wenn überhaupt, dann nur in meiner Kindheit, als meine Eltern noch lebten. Bei uns am Ortsrand gab es einen Birkenhain – dort konnte ich stundenlang sitzen und dem Zwitschern der Vögel zuhören. Dann kamen die Hungerjahre, meine Eltern starben und ich zog zu den freien Donkosaken. Das war ein ganz anderes Leben, ich hatte oft schreckliche Angst...

Jetzt aber bin ich durch meine Verwundung wie neugeboren und sehe vieles wieder wie das Kind von damals. Unter den Taigariesen geht es mir gut – die Luft hier duftet so stark, dass mir schwindlig wird. Und wie schön blühen sie! Die dunklen Kronen sind voller himbeerfarbener Blüten, und die jungen Zapfen sind violett und harzig. Bäume, die leuchten wie Regenbogen! So dass man singen und unserem Vater für diese Augenweide danken will!

Einmal nehme ich unseren Kosakenpfarrer mit in den Wald. Er meint, diese Bäume in einem Buch gesehen zu haben, als er noch jung war und in einer Kirchenbibliothek diente. Sie hießen Zedern und stammten aus dem Land Libanon, wo früher der Garten Eden gewesen war. Der Name gefällt mir und ich sage fortan, wenn ich allein oder mit meinen Kameraden in den Wald gehe: „Zu den Zedern."

Die Zeit vergeht schnell. Viele von uns haben sich Tatarinnen als Frauen genommen, die ersten Kinder sind schon da. Einmal fährt der Ataman zum Tatarenfürsten Jelegaj und ich darf mit, weit den Irtysch hinauf. Der Tatarenfürst empfängt uns freundlich, er bietet uns Schaffleisch und leckere Stutenmilch an, dann ruft er seine Tochter herbei. „Ataman, willst du meine Tochter zur Frau nehmen?", fragt Jelegaj und grinst. Die Arme steht da, von oben bis unten in schwarzes Tuch eingewickelt. „Zeig sie mir vorher", lächelt Jermak zurück. Der Tatar sagt etwas zu seiner Tochter – und sie nimmt das Tuch von ihrem Gesicht ab.

Sie ist so schön, das Gesicht wie geschnitzt, Zöpfe aus schwarzem Haar. Und die Augen! Aus ihren braunen Augen leuchtet mir die verborgene Leidenschaft entgegen – sie hat mich wohl mit dem Ataman verwechselt. Ein kurzes Lächeln – und schon ist ein starkes Band zwischen uns entstanden; immer werde ich an sie und nur an sie denken. Der schlaue Jermak lächelt noch immer und sagt zu seinem Gastgeber: „Deine Tochter ist schön, Jelegaj, dein Angebot ist mir eine Ehre. Doch sieh, ich bin zu alt für sie, du solltest ihr einen Jüngeren suchen." Auf der Rückfahrt ist Jermak sehr schweigsam, als denke er gerade zurück an seine Jugend und seine erste Liebe. Ich aber könnte jetzt lauthals singen! Bald werde ich ihn bitten mit mir noch einmal zu Jelegaj zu fahren. Wenn mein Ataman mir beistehen wird, werde ich Jelegajs Tochter zur Frau bekommen.

Wir übernachten am steilen Flussufer. Es weht ein kalter Wind, deswegen bauen wir uns zusätzlich kleine Hütten aus Schilf. Ich liege neben Jermak, es ist noch sehr früh und dämmert gerade erst. Mir ist nicht nach Schlafen zu Mute. Über mir raschelt das Schilf und ich denke an „meine Fürstin". Ein leises Klirren erregt meine Aufmerksamkeit. Vorsichtig schaue ich durch den Eingang hinaus. Ein furchtbares Bild bietet sich! Überall Tataren, die Hütten sind umgekippt, Kosaken geköpft. Die letzten Hütten werden eben durchsucht. Ich wecke Jermak – er versteht mich sofort ohne ein weiteres Wort. Wir schlüpfen in unsere Kettenhemden, ergreifen unsere Schwerter. Die Tataren fallen von allen Seiten über uns her. Wir stehen Rücken an Rücken und versuchen uns zu dem steilen Abhang und zu den Schiffen durchzuschlagen. Ein paar Schritte noch... Da trifft mich ein Speer in meinen rechten Arm, Blut sprudelt aus der Wunde; das Kettenhemd des Atamans ist bereits zweifach durchbohrt. „Spring", schreit er mir zu, „spring!" Nein, nicht dafür ist er mir und uns Kosaken zum Vater geworden. Ich sammle all meine Kraft und stoße ihn den Abhang hinunter. Vielleicht schafft er es noch bis zum Schiff... Die Tataren schlagen auf mich ein, ich falle. Über mir steht ein Tatar mit einem Messer und schreit etwas.

Dann höre ich nichts mehr – ich sehe, wie meine Fürstin mir durchs Gras entgegenläuft, in ihren Augen eine andere, nicht irdische Liebe. Sie nimmt mich in ihre Arme, so, wie einst meine Mutter. Und wir steigen gemeinsam auf. Über dem Zedernwald und über dem Irtysch-Fluss fliegen wir zum Himmel, zur Liebe, zu Gott...

Ich komme durch kaltes Wasser, das auf mich spritzt, zu mir. Jemand schüttelt mich und ruft: „Alexej, Alexej!" Allmählich erkenne ich Nikolai und die Umrisse einer Wohnung, meiner Wohnung. Mein ganzer Körper schmerzt und ich bin so schwach, dass ich nicht einmal sprechen kann.

„Was ist los?" Nikolai hält ratlos eine große Tasse in der Hand.

Ich blicke langsam zum Fenster. Es ist taghell. „Wie spät ist es?", presse ich hervor.

„Fast um zwölf", antwortet Nikolai fast fröhlich, „bereits drei Stunden lang ging das schon bei dir. Endlich bist du wach. Aber aus der Arbeit wird bei uns heute nichts."

Ich danke Nikolai für seine Hilfe und möchte allein sein.

Nikolai akzeptiert meinen Wunsch und verabschiedet sich von mir mit den Worten: „Bleib liegen, ich sage in der Redaktion, dass du krank bist.“ Ich stehe dennoch auf, laufe zum Bücherschrank und nehme Andrejs Zedernikone in die Hand. Ich betrachte lange das Antlitz der Gottesmutter und das ihres Kindes. In diesem Augenblick erstrahlt der ganze Schrank im hellen Licht – es ist die in St. Petersburg so seltene Herbstsonne, die aus den Wolken in mein Fenster hineinschaut.

* * *

Man sagt, die Liebe könne einen verbrennen. Ich habe gelesen, die Weisen dieser Welt hätten die Liebe für eine Krankheit gehalten und uns empfohlen, sie zu meiden. Ich kann nun sagen, dass die Weisen vollkommen Recht haben! Doch ich vermute, die meisten Menschen unserer liebenswürdigen Erde glauben viel zu lange an überirdische Wonne zu zweit und ähnliche Märchen und akzeptieren „der Weisheit letzten Schluss“ erst, wenn sie selber hautnah die Abwesenheit von Liebe kennen lernen.

Es begann an einem gewöhnlichen Tag, mit einer ganz banalen Party-Einladung. Unsere Uni gibt jährlich einen Ball zur Ehrung derjenigen, welche die harte Aufnahmeprüfung überwunden haben und von nun an unserer Alma Mater angehören. Meine damaligen Kommilitonen Pavel und Dima riefen mich an und meinten, unser Single-Kommando müsse unbedingt zum Uni-Ball. Schon eine halbe Stunde später stieg ich in den nagelneuen BMW von Dima, der direkt nach seinem Studienabschluss jegliche Verbindung zu unserer Uni abgebrochen und sich als Manager in einem ausländischen Unternehmen etabliert hatte. Der Ball unterschied sich zwar kaum von einer normalen Disco, es herrschte jedoch eine sehr gute Stimmung – ich stürzte auf die Tanzfläche und überließ meinen Körper den rasenden Techno- und Hip-Hop-Rhythmen. Dem Rausch des Tanzes, dessen purer Anblick die Gewissheit stärkte, dass wir Menschen aus dem Neandertal kamen, entriss mich schließlich mein Freund. „Du wirst bereits sehnlichst erwartet“, schrie Dima mir ins Ohr, indem er mich von der Tanzfläche an unseren Tisch zerrte. Dort führte Pavel eine lebhafte Unterhaltung mit einigen netten jungen Damen in eleganten Kleidern.

Und dann sah ich sie! Sie ging an mir vorbei – ein Lächeln auf den Lippen – in Begleitung eines dunkelhäutigen jungen Mannes, der mit ihr sprach. Sie war wirklich sehr, sehr schön – von einer seltenen Schönheit, die sich im Gedächtnis unauslöschbar einprägt und die begeistert, so vielleicht, wie der Anblick von Leonardos Mona Lisa. In ihrem Lächeln, in ihrem Gang, in ihrer Art, den Kopf zu halten, lagen ein Geheimnis und eine beinahe königliche Würde. Einige Zeit später wurde mir dieser Eindruck, den sie bei mir hinterließ, auch von anderen Männern bestätigt. Doch dazu später. Jetzt sah ich sie und hörte die Worte ihres Begleiters, der mit einem ausländischen Akzent und einem leicht ironischen Tonfall fragte: „Wollen wir weiter, meine Königin?“

In diesem Moment glaubte ich verstanden zu haben, was Alexej bei unserem Abschied mit „Grüße die Königin!“ meinte. Dort stand sie, und ich durfte sie nicht verlieren!

Inzwischen aber war ich an den Tisch gesetzt worden, man hatte mich vorgestellt, und ich fing automatisch an, irgendwelche Witzelchen zu machen. Es wurde Kognak gebracht und aufs gegenseitige Kennenlernen angestoßen, dann wurde beschlossen, den Abend in einem bekannten Café am Nevskij Prospekt ausklingen zu lassen. Ich sagte entschlossen ab, klagte über heftige Kopfschmerzen und verabschiedete mich von meinen alten Freunden und neuen charmanten Bekannten.

Etwas abseits der Straße wartete ich, bis die ganze Gruppe an mir vorbei zu Dimas BMW gegangen war und schlüpfte dann in den Tanzsaal zurück. Ich fand sie noch immer am selben Platz neben ihrem „Diener“ sitzen, ein wenig traurig oder gelangweilt, so, als hörte sie ihm nur aus Höflichkeit zu und sei mit ihren Gedanken ganz woanders. Ich fasste Mut und forderte „die Königin“ auf eine ziemlich freche Art zum Tanzen auf. Sie schaute mich eine Weile mit ihrem rätselhaften Blick an und willigte dann ein. Das Gesicht ihres Begleiters verkrampfte sich, er ballte die Fäuste. Ohne ihn zu beachten, führte ich meine Dame in sanfter Umarmung auf die Tanzfläche.

Eigentlich ist damit bereits alles erzählt. Das Weitere ist in den langatmigen Melodramen und billigen Serien von schöner Liebe und ihrem bitteren Untergang oft genug geschildert worden. Der Held, der sich immer tiefer verliebt, und seine Dame, die es – seiner Ansicht nach – ebenfalls tut. Doch nie ohne einen stinkreichen Widersacher. Aufnahmen: Pärchen im Theater, Pärchen in der Ausstellung, Pärchen beim Ski-Ausflug, Pärchen in der Sommerresidenz der russischen Zaren – unser schönes Pärchen überall im Vordergrund.

Zugegeben, es war die glücklichste Zeit meines Lebens, obwohl mir die beiden Wochen mit Andrej nicht weniger wichtig vorkommen. Es war eine Wonne, in der Nähe der Königin zu weilen, und ich verlor immer mehr die Verbindung zur Außenwelt: die Arbeitszeit wurde mir zur Qual, und zweimal äußerte mein Chef seine Unzufriedenheit mit mir, was ich teilnahmslos registrierte. Eine Negativerscheinung aus dieser Zeit war meine Eifersucht, die ständig dadurch genährt wurde, dass meine Liebste überall und sofort auffiel und von vielen Männern – oft ziemlich plump – angemacht wurde. Sie beruhigte mich zwar mit einer kurzen Erinnerung daran, unter welchen Umständen wir uns kennen gelernt hatten, das half aber nicht wirklich. Ich dachte immer mehr an einen Heiratsantrag – und nach einigen Monaten unseres Zusammenseins lud ich sie feierlich in mein Lieblingsrestaurant ein, welches sich auf dem Deck eines alten Segelschiffes, eines sehr imposanten Dreimasters, an einer der Anlegestellen im Newa-Delta befand.

An diesem Tag kam sie nicht. Ich wartete zuerst eine halbe, dann eine ganze Stunde auf sie, ich rief sie an – ergebnislos. Hals über Kopf nahm ich mir ein Taxi und fuhr zu ihr. Ihre luxuriöse Wohnung befand sich fast im Stadtzentrum, die horrende Miete bezahlten wohl ihre Eltern. Sie hatten angeblich irgendwo im fernen Norden gearbeitet und sehr viel Geld verdient. Ich klingelte Sturm – keine Reaktion. Nur die Nachbarin, offenbar durch mein Klingeln gestört, öffnete ihre Tür.

„Wen suchen Sie hier, junger Mann?"

Ich beschrieb sie.

„Ach was? Die Wohnung steht seit zwei Monaten leer."

Ich erinnerte mich, dass ich nur einmal und nur ganz kurz in ihrer Wohnung gewesen war – sie hatte es vorgezogen, mich zu besuchen. Mir war das vollkommen recht.

„Sie gehörte mal einem Neureichen, aber jetzt hat er sie weiterverkauft."

„Ich verstehe gar nichts. Hier wohnt doch eine junge Frau, sie studiert an der Uni."

„Hier verkehrten früher ab und zu ‚die Damen', inkognito, Sie verstehen, was ich meine." Die Nachbarin zwinkerte mir zu. „Der Eigentümer war schon betagt und hatte außerdem seine Familie. Ich kann mir übrigens denken, welche Dame Sie suchen. Diese Schönheit hat hier gewohnt, bevor die Wohnung verkauft wurde. Warum schenkt Gott ausgerechnet solchen Menschen Schönheit?"

Ich hätte diese Frau damals erwürgen können, auch wenn sie an meiner Misere keinerlei Schuld trug. Ohne etwas zu sagen, rannte ich die Treppe hinunter und fuhr nach Hause. Dort legte ich mich, ohne mich auszuziehen, ins Bett, stand drei Tage lang nicht auf und ließ das Telefon und die Türklingel völlig unbeachtet. Schlaflos lag ich da und starrte die Decke über mir an. In meinem Kopf drehten sich Bilder der letzten Tage, in die sich ein hoffnungsloses „Warum?" mischte.

Erst einen Monat später erfuhr ich die Antwort. Überbracht wurde sie mir von dem bereits erwähnten Dima, der mich diesmal mit echter Anteilnahme anschaute. Es war richtig, dass meine Königin die Fakultät für Arabische Sprachen an der St. Petersburger Universität besuchte. Richtig war auch, dass Ihre Eltern weit im Norden Russlands lebten. Alles andere jedoch stimmte nicht. Ihre Eltern lebten sehr bescheiden und hätten ihr lediglich ein Zimmer im Wohnheim finanzieren können. Doch sie blieb nicht lange im Wohnheim. Schnell begriff sie, über welchen Schatz sie verfügte, und wurde zu einer der teuersten Konkubinen der St. Petersburger Neureichen. Nebenbei schaffte sie es noch, glänzend zu studieren.

„Ein ganz hoher Vogel", schloss Dima ab. „Sei froh, es hätte für dich schlimmer ausgehen können."

„Wofür hat sie mich gebraucht?"

„Ganz einfach. Ihre Uni-Zeit ging zu Ende und die Schöne suchte sich einen reichen Bräutigam, der möglichst weit von ihren vielen Männern leben musste. Sie fand einen... im Orient. Ein Ölscheich schickte seinen Sohn zum Russischlernen nach St. Petersburg (unsere Sprache ist wieder gefragt!) – und sie schnappte sich den Königssohn. Schlecht war bloß, dass der junge Millionär etwas über seine Dame vermutete oder erfahren hatte. Hier kamst du so gelegen ins Spiel: ein – entschuldige – unschuldiger St.Petersburger Journalist, zu dem eine Frau nichts

Verwerflicheres als reine Liebe mit einer Portion Idealismus hinziehen kann. Du wurdest eifersüchtig, der Sohn des Orients nicht minder. Er musste sich entscheiden – und er entschied sich: für seine Dame."

„Wo ist sie jetzt?"

„In den Arabischen Emiraten."

„Wie? Ich habe gehört, unsere Frauen werden dort versklavt, sie kommen in den Harem."

„Vielleicht. Doch diese nicht. Sie versklavt eher andere. Das hast du ja wohl am eigenen Leib erfahren. Sie war hier eine Königin und wird wohl auch dort eine bleiben."

„Dima! Woher weißt du das alles?"

„Lieber Alexej, was denkst denn du? Alle wissen das, außer dir. Übrigens habe ich dich schon öfter gebeten, bei mir vorbeizukommen, ich wollte dich warnen. Doch du warst taub für jede Vorwarnung, kannst du dich noch daran erinnern?"

Ich nickte.

* * *

Endlich – nach einer fast halbjährigen Unterbrechung – nehme ich meine Aufzeichnungen wieder in die Hand. Draußen ist wieder Sommer. Ein ganzes Jahr ist seit meiner Begegnung mit Andrej vergangen – wie viel Neues habe ich in diesem Jahr gelernt, über mich, über die Menschen, über die Bäume! Die Weisen sagen, der Mensch käme auf die Erde um durch bittere Erfahrungen vollkommener zu werden. Ich möchte hoffen, dass das stimmt und nicht nur ersonnen wurde, um die Unvollkommenheit des Lebens zu rechtfertigen. Ich habe nicht das Gefühl, dass ich durch mein Leid vollkommener werde. Ich bin immer noch ein durchaus durchschnittlicher Pessimist, der seine Langeweile, Faulheit und seinen Egoismus hinter Wortspielen – vor allem vor sich selber – verbirgt. Wie in dem alten Schlager, den meine Großmutter noch aus ihrer Jugendzeit kannte: „Du hast dich wirklich nicht verändert." Obwohl... Einige Veränderungen sind bei mir offensichtlich eingetreten: Ich habe jetzt meine Zedern, meinen Wald, mein Meer und meine Felsen. Sie werden mich nicht verraten. Und ich... Ich muss weiterarbeiten. Mein nächstes Thema werden die Früchte der sibirischen Zeder sein.

Von Zedernüssen hörte ich zum ersten Mal von meiner Großmutter. Sie erzählte vom Jahr 1941, einem sehr harten Jahr für das ganze Land. Vor den vorrückenden deutschen Truppen wurde sie in den Westen Sibiriens evakuiert. Im Herbst zeigten die Sibirier den Flüchtlingen, wie man Zedernüsse sammelt und lagert – in der dunklen, kalten Winterzeit halfen solche Vorratslager zu überleben. Auch in St. Petersburger Geschäften sah ich ab und zu Zedernüsse, doch ich kaufte sie nicht, weil ich die Nüsse an sich nicht sehr mag. Erst nach meiner Begegnung mit Andrej kaufte ich mir ein kleines Päckchen sibirischer Zedernüsse. Dabei verwunderten mich zwei Dinge: erstens der überdurchschnittlich hohe Preis (um die 3 Dollar) und dann der außergewöhnlich gute Geschmack. Von den

Heileigenschaften der Nuss wusste ich damals noch gar nichts. Jetzt schon:

„Nüsse waren ein unentbehrlicher Bestandteil des Speiseplans in Sibirien... Der Kern der sibirischen Zedernuss enthält sehr viele Spurenelemente, unter anderem die für den Menschen vorrangigen Magnesium, Mangan, Eisen, Kupfer und Phosphor." (Karetnikov, Dmitrichenko)

Ich recherchiere, was die erwähnten Elemente in unserem Körper alles bewirken können.

Magnesium ist sehr wichtig bei der Knochenbildung und sehr reichlich im Zedernusskern vorhanden, kein anderes Lebensmittel enthält so viel von diesem Mikroelement (nach Rusch: 448-516 mg auf 100g).

Mangan ermöglicht die Glukoseaufnahme und unterstützt die Verdauung (im Durchschnitt 9,7 mg auf 100g).

Eisen ist der Hauptbestandteil von Hämoglobin und Proteinen (bis 18 mg auf 100g).

Kupfer ist unentbehrlich bei der Bildung der roten Blutkörperchen (bis 14 mg auf 100g).

Phosphor ist allgemein bekannt als Grundlage von Knochen und Zähnen, seine Bedeutung für die Funktion der Nervenzellen, für rasche Energiefreisetzung und Muskelkontraktion ist jedoch weit weniger bekannt (bis 840 mg auf 100g).

Zedernüsse übertreffen alle Pflanzen an phosphatidem Phosphor und können in der Hinsicht als Soja des Nordens bezeichnet werden, denn nur Soja enthält vergleichbar viele Phosphatide.

Diese Parallele zwischen Zedernuss und Sojabohne könnte weiterverfolgt werden. Beide Naturprodukte sind sehr nahrhaft und aus beiden werden so genannte Milch und milchähnliche Produkte hergestellt. Zedernussmilch und Zedernussrahm wurden seit alters her als stärkende und therapiewirksame Mittel eingesetzt. Sogar bis in die Schweiz ist der Zedernussrahm vorgedrungen, wo er bereits im 18. Jahrhundert zur Heilung der Tuberkulosekranken eingesetzt wurde!

Es wundert mich jetzt nicht mehr, dass die „sibirische Gesundheit" in Russland als vorbildlich gilt. Doch weiter zur Zusammensetzung der Zedernuss.

„Zedernüsse enthalten Jod, das aufbauend auf die Schilddrüse wirkt und ihrer Unterfunktion vorbeugt." (Ignatenko)

Ignatenko beruft sich auf die Forschungsarbeit des russischen Arztes Avtokratov (1913), der eine heilende Wirkung von Zedernüssen bei folgenden Erkrankungen feststellte: Herz- und Kreislaufstörungen, Magen- und Zwölffingerdarmgeschwüre, Arteriosklerose und hoher Blutdruck, Anämie und Magenübersäuerung. Bereits im 18. Jahrhundert widmete der deutsche Naturforscher Peter Simon Pallas, ein Mitglied der Russischen Akademie der Wissenschaften, viele begeisterte Zeilen der Heilwirkung der Zedernüsse, die vor allem verjüngend, immun- und potenzstärkend seien. Heutige Wissenschaftler haben bestätigt, dass Zedernüsse die Leistungsbereitschaft beim Menschen fördern und chronischer Müdigkeit entgegenwirken, das Blutbild verbessern und Tuberkulose vorbeugen.

„Die Samen der sibirischen Zeder enthalten 15 – 19% Eiweiß, 55 – 70% Fett und 14 – 20% Kohlenhydrate, dazu Aminosäuren, Makro- und Mikroelemente und Vitamine. Sie stellen eine wertvolle, ökologisch einwandfreie Nahrungsquelle und sind noch kalorienreicher als Fleisch. Ihre Eiweiße enthalten essentielle Aminosäuren wie Tryptophan, Leucin, Isoleucin, Valin, Lysin, Methionin, Histidin; weiterhin nur bedingt ersetzbare Aminosäuren wie Cystein, Arginin und Tyrosin." (Rusch)

Ich forsche nach, was „essentiell" bedeutet, und finde heraus, dass damit die lebensnotwendigen Aminosäuren bezeichnet werden, die nicht vom menschlichen Organismus selbst produziert werden und daher mit der Nahrung aufgenommen werden müssen. Deswegen erscheint folgende Beschreibung der Zedernüsse wie ein großes Lob:

„70% der Aminosäuren sind essentiell, das bezeugt den hohen biologischen Wert der in den Zedernüssen enthaltenen Eiweiße. Darüber hinaus gehört die Aminosäure Arginin zu den unentbehrlichen Bestandteilen der Kindernahrung." (Rusch)

Kinder und stillende Mütter sollten Zedernüsse essen – ich werde meine „familienträchtigen" Freunde aufklären müssen.

„Zedernüsse haben viele Vitamine der Gruppen B und D, die stabilisierend auf das Nervensystem und optimierend auf das Blut des Menschen wirken. Besonders wichtig sind die Vitamine B1 (Thiamin), B2 (Riboflavin) und B6 (Pyridoxin), welche die Widerstandsfähigkeit des Menschen gegenüber radioaktiver Strahlung heben." (Petrov)

Zedernüsse enthalten verhältnismäßig wenig **Vitamin A und C** (doch, laut Rusch, immerhin bis zu 64 mg Ascorbinsäure auf 100g). Bedeutend ist ihr Gehalt an **Vitamin E** (Tokopherol, erhöht die Fruchtbarkeit und Potenz). Und außerordentlich hoch ist der Prozentanteil von **Vitamin F** (essentielle Fettsäuren, vor allem cholesterinsenkende und immunstärkende Wirkung).

Ich glaube, damit ist genug gesagt über die sibirischen Nüsse. Ich schließe meine Abhandlung mit der Empfehlung der Ernährungswissenschaftler ab, dass 100g Zedernüsse den Tagesbedarf eines Erwachsenen an Aminosäuren und solchen Mikroelementen wie Kupfer, Kobalt, Magnesium und Zink zu decken vermögen.

Jetzt möchte ich zum Konzentrat all der wichtigen Eigenschaften der Nüsse – zum Zedernussöl, oder Zedernöl – ein paar Worte sagen. Die Prädikate, mit denen dieses Produkt gewürdigt wird, klingen atemberaubend. Man schreibt, dass das Zedernöl mit seinem Gehalt an Vitaminen und Spurenelementen unersetzbar sei. Neben einem hohen Anteil an Vitamin E (30,6 mg auf 100g) sticht vor allem die hohe Konzentration von Vitamin F in Form von Aminosäuren hervor. Speziell die essentielle Linolensäure (20,3 g auf 100g) unterstützt das Immunsystem und erscheint heutzutage aktueller denn je. Insbesondere Säuglinge reagieren empfindlich auf einen Mangel an Linolensäure (was sie oft über Hautausschlage „zeigen").

„Zedernöl enthält dreimal soviel essentielle Aminosäuren wie Erdnussöl und anderthalbmal soviel wie Soja- und Sonnenblumenöl, und an phosphatidem Phosphor übertrifft das Zedernöl alle Nussöle überhaupt!" (Paramonov)

Bereits im Jahre 1928 schrieb der Wissenschaftler Nesterov, dass das Zedernöl mit seinen Eigenschaften das Mandel- und Olivenöl in all ihren therapeutischen und pharmakologischen Anwendungen ersetzen könnte. Beeindruckend lang ist die Liste der Erkrankungen, bei denen das Öl erfolgreich eingesetzt werden kann. Um nicht alles – wenn auch Positive – zu wiederholen, was schon zu den Zedernüssen gesagt wurde, beschränke ich mich beim kaltgepressten nativen Zedernöl in meiner Zusammenfassung auf dessen spezifische Wirkung:

Zedernöl unterstützt die Ausscheidung von Schwermetallen aus dem Körper. Zedernöl hilft bei vielen Hauterkrankungen und -verletzungen (Verbrennungen, Erfrierungen), bei Haarausfall und brüchigen Nägeln und Haaren, ist bestens verträglich und lindert verschiedene Allergien. Zedernöl kann als natürliches Heilmittel

unbedenklich über längeren Zeitraum eingenommen werden. Darüber hinaus ist es ein wertvolles Massageöl, es glättet die Haut und eignet sich für kosmetische Gesichtsmasken.

Ein ausgezeichnetes, vielleicht das beste Öl überhaupt. Vor Jahren hatte ich einmal eine Abhandlung über das Allheilmittel der Chinesen gelesen, über Ginseng, die Wurzel des ewigen Lebens. Nach all dem, was ich heute gelesen habe, möchte ich das Zedernöl als das Öl des ewigen Lebens bezeichnen. Doch genug der Bleiwüste, ich muss an die frische Luft.

* * *

Mein heutiger Spaziergang verdient es aufgeschrieben zu werden...
Ich ging durch das vom Peter I. angelegte Kleinod „Letnij sad“ und hielt mich ein wenig am Krylov-Denkmal auf. An diesem schönen Sommertag wollte ich noch nicht nach Hause und entschloss mich zu einem längeren Fußmarsch zum Botanischen Garten. Ich wollte dort „meine“ sibirische Zeder besuchen.

Unterwegs dachte ich an den vergangenen Winter und an Natali, die Ehefrau des großen russischen Dichters Alexander Puschkin und dessen indirekte Todesursache zugleich. Gut, ich hatte kein Recht, die tragische Lebenssituation des Poeten mit meiner eigenen zu vergleichen, ebenso wenig seine Frau mit meiner „Königin“. Und doch kam mir der Satz: „Frau bringt den Tod“ (wieder von einem Weisen?) unwillkürlich in den Sinn.

Ich war innerlich ganz aufgewühlt, als ich die „Sibirierin" erreichte. Und dann geschah etwas, was ich eher dem Bereich meiner Fantasie zurechnen sollte, auch wenn es mir sehr gut tat und auch jetzt noch in mir nachklingt. Ich stand vor dem Zedernbaum und dachte an die Legende von den „Menschen-Zedern", die mir Andrej damals erzählt hatte. Ich wollte dem Baum danken und sagte:

„Du bist wie ich, nein, du bist viel besser als ich. Denn du dienst Menschen, Vögeln und Tieren. Lehre mich deine Kunst, gut zu sein, lehre mich deine Weisheit, umarme mich mit deinen Zweigen."

Und die Zeder antwortete mir:

„Ich werde dir helfen, mein Bruder. Komm näher und schau nach oben: Siehst du dort, im grenzenlosen Blau, unseren Vater? Er streckt uns die Wolken, Seine Arme, entgegen und Sein Antlitz leuchtet wie tausend Sonnen. Und jetzt schaue nach unten: Fühlst du, wie uns unsere Mutter Erde mit Ihrem Atem wärmt und Liebe und Leben spendet?
Unsere Herzen sind erfüllt von großem Freudengesang, vom Lied der VERSCHMELZUNG ALLES SEIENDEN. Hörst du das Lied, Bruder?"

Ich horchte in mich hinein, doch ich hörte nichts weiter.

Der August verging. Im September dann packte mich – genauso plötzlich wie im Vorjahr – die Reiselust. Zuerst kam mir die Idee, wieder in den Kaukasus zu fliegen und dort Andrej zu suchen. Diese Idee verwarf ich jedoch. Der

Wanderer Andrej durchquerte vielleicht gerade Waldai oder fuhr über den Jenissej – denn Russland ist groß. Schade, dass er nicht einmal meine St. Petersburger Adresse hatte, obwohl ich mir sicher war, dass er mich finden würde, wenn er es nur wollte.

So fasste ich den Entschluss wegzufahren, wusste aber noch nicht wohin. Als ich in meinen Aufzeichnungen über die sibirische Zeder herumblätterte, fiel mir auf, dass Altai und West-Sayan als ideale Standorte für Zedernbäume gelten – hier wachsen die größten und die ältesten (um 850 Jahre alten) sibirischen Zedern. Gleichzeitig fiel mir ein, dass im September die Ernte der sibirischen Nuss beginnt. Mein Reiseziel wurde klarer.

Die weiteren Fragen klärte ich anhand einer geografischen Karte. Ich wählte Nowosibirsk als Flugziel, dann wollte ich mit dem Zug oder Bus weiterkommen. Das Leben hatte wieder einen Sinn – ich rannte los, um Flugtickets zu kaufen.

Teil 3

ALTAI

Die Macht der Gewohnheit ist nicht zu unterschätzen. Direkt nach dem Abheben verstehen wir: der Alltag geht ungebrochen weiter, wir haben Hunger und Durst, blättern in den Illustrierten, schlafen uns aus oder schließen flüchtige Bekanntschaften.

Liebevoll und dankbar dafür, dass wir noch leben, betrachten wir Passagiere einander und vor allem unsere gute Fee, die Stewardess, die kalte und warme Köstlichkeiten serviert. Kurz nach dem Abflug verfliegen Angst und Dankbarkeit – und wir beschäftigen uns wieder allzu gerne mit Nichtigkeiten, zumindest ich, der ich meiner professionellen Angewohnheit nachgehe, alles um mich herum für alle Fälle mit meinem Stift niederzuschreiben.

Zu Hause hatte ich nur wenige Informationen zum Altai gefunden, doch sie waren beeindruckend gewesen. Begrenzt von der Westsibirischen Ebene im Norden, den Bergketten des Sayan-Gebirges im Osten, dem Hochland der Wüste Gobi im Süden und der Kasachischen Schwelle im Westen erstreckt sich das Altai-Gebirge über die Territorien von Russland, Kasachstan, China und der Mongolei. Mit 2.000 bis 3.000 m hohen Plateaus wie Ukok, Baschkaus, Tschulyschman und Terekta und seinem höchsten Gipfel Belucha (4506 m) bildet der Altai die Wasserscheide zwischen Ob und Irtysch. Die eiszeitlichen Gletscher, in Höhen von 1.000 bis 1.800 m, führten zur Bildung der breiten Ebenen und Seen, die heute das Gebirge schmücken. Mit 1.330 Gletschern auf einer Gesamtfläche von 890 km² ist das Gebirge hinter dem Kaukasus eines der bedeutendsten Gletscherreservoire Russlands. Nikolai Röhrich, der große Maler und Mystiker des 20. Jahrhunderts hielt den Altai für ein herausragendes Geheimnis unserer Erde, bereiste das Bergmassiv und suchte in seinen Bergketten das sagenumwobene Shambhala.

Schon steht die Landung bevor und wir müssen die Sicherheitsgurte anlegen. Eine Vorsichtsmaßnahme, die meines Erachtens eine Ablenkung darstellt, da wir die wahre Geschwindigkeit unseres „fliegenden Teppichs" und das wahre Ausmaß unserer Hilflosigkeit begreifen können. Ich fange lautlos zu beten an: „Bogorodize dewo radujsja...", das einzige Gebet, das ich dank Andrej gelernt habe. Wahrscheinlich tun meine Nachbarn Ähnliches. Wir landen. Und wieder Entspannung, Dankbarkeit und Freude in Gesichtern. Die Musik ertönt – doch uns alle ergreift schon die Hektik, wir eilen zum Ausgang, unseren nächsten Zielen entgegen.

Nowosibirsk empfängt mich mit einem trüben Himmel und kühlem Wind. Es ist eine riesige Stadt, in der ich zunächst den allgegenwärtigen Neubauten begegne. Dann plötzlich öffnet sich vor mir eine beinahe unermessliche Weite und ich muss zugeben, dass der Ob viel breiter und uriger als meine geliebte Newa ist. Ich frage die Stadtbewohner nach den Zedern und werde sogleich schief angesehen. Die Bäume wachsen in einiger Entfernung von der Stadt, im „kedrowij bor Karakanskij" – im Karakanskij Zedernhain. Doch ich muss weiter, zum Bus nach Barnaul.

Im Bus schlafe ich, vom Flug erschöpft, die ganzen fünf Stunden. Von den Mitfahrenden sanft geweckt steige ich in Barnaul aus, der Hauptstadt der Region. Es ist Nacht und zum Glück ist mein Hotel leicht zu Fuß zu erreichen. Schon wieder verspüre ich ein ängstliches Kribbeln – im Nu habe ich mich Tausende von Kilometern von St. Petersburg entfernt. Unsere Wünsche können sich ja ins Gegenteil verkehren, wenn sie zu schnell in Erfüllung gehen...

Am nächsten Tag durchwandere ich das gemütliche Stadtzentrum. Barnaul liegt am Oberlauf des Ob und ist eine alte Bergbau- und Industriestadt, noch im 18. Jahrhundert als solche berühmt gewesen. 1744 entstand hier die große Silberschmiede und 1838 wurde das erste Observatorium Sibiriens errichtet. Barnaul gehört zu den bedeutendsten Siedlungsgebieten der Russland-Deutschen. Mit ihren großzügig angelegten Grünanlagen, breiten und schnurgeraden Straßen erinnert mich die Stadt sogar an St. Petersburg und wirkt auf mich alles andere als industriell. Später werde ich erfahren, dass der Stadtkern infolge eines Großbrandes Anfang des 20. Jahrhunderts vollkommen zerstört worden ist und am Wiederaufbau tatsächlich St. Petersburger Architekten und Bauarbeiter beteiligt waren. Doch weiter geht die Reise: über Bijsk, „das Tor zum Altaigebirge“, in die Hauptstadt der Bergrepublik, Gorno-Altajsk.

Vorerst sehe ich entgegen meiner Erwartung keine hohen Berge. Ringsum erstreckt sich die gelbe, von der Sonne ausgetrocknete Steppe. Erst hinter Bijsk ändert sich das Bild. Das Gras wird grün, immer mehr Bäume sind zu sehen. Bald fahren wir mitten durch den Wald, am felsigen Bergufer eines großen Gebirgsstromes entlang. Mein Nachbar erklärt mir, wir seien jetzt auf dem berühmten Tschujsker Pass. In seiner heutigen Form, breit und befestigt, sei er von dem Ingenieur Wolkow entworfen worden, dem zu Ehren ein Denkmal am Rande der Straße stehe.

Der Tschujsker Pass gelte als die bekannteste und schönste Straße des Altais. Sie beginne in Bijsk, liefe am Fluss Katun entlang, kreuze den Fluss bei Gorno-Altajsk und steige dann allmählich bis fast 2000 m Höhe auf. Dort oben bereite sie dem Fahrer oft Schwierigkeiten, den Mitfahrenden hingegen biete sie einen Ausblick von einmaliger Schönheit. Sie verliefe entlang des uralten Wander- und Handelsweges, der Westsibirien seit Jahrtausenden mit Zentralasien verbinde. Dörfer hätten sich an diesem Weg entwickelt, die weitere Umgebung sei hingegen kaum besiedelt. Die gastfreundlichen Einheimischen gehörten einem ehemaligen Nomadenvolk an, das heute sesshaft sei und vorwiegend von Viehzucht lebe.

Sehr schön sei auch die Katun, der große Quellfluss des Ob. Im Sommer habe ihr Wasser eine weiße und sonst eine malachitgrüne Farbe. Das Weiß käme wohl dadurch zustande, dass im Sommer die intensiv schmelzenden Gletscherzungen viel Kalkstein in den Fluss brächten. Sehenswert seien die Felsenufer mit ihren oft bizarren Formen (wunderschön, wie ich bereits aus dem Busfenster bestätigen konnte), beeindruckend seien die Hängebrücke über die Katun bei Gorno-Altajsk und der benachbarte Berg, weil seine Form einem buckligen Drachen mit langem Schwanz und breit geöffnetem Rachen ähnlich sehe.

Dank meines freundlichen Begleiters erfahre ich einiges mehr über Gorno-Altajsk und plane in Gedanken meine weitere Wanderroute. Ich möchte am Tschujsker Pass entlang laufen. Das Erste, was mich interessiert, ist der See Manscherok, der ca. 15 km südlich der Stadt an der Katun liegt. Um diesen See herum soll eine uralte Pflanze, die Tschilim-Nuss, wachsen. Die Tchhilim-Nuss wachse nur hier, nirgends sonst, sie sei bei den Einheimischen sehr begehrt, in der restlichen Welt allerdings kaum bekannt. Der See Aja ist das nächste Wanderziel, er soll sehr schön sein und um ihn ranken sich einige Legenden. Indessen kommen wir an.

Gorno-Altajsk liegt mitten im malerischen Gebirge. Da es bald dämmern wird, beeile ich mich aus der Stadt herauszukommen. Und endlich bin ich mitten im Zedernwald! Ich erkenne die Verwandten „meiner Sibirierin" aus dem St. Petersburger Botanischen Garten. Es ist sommerlich warm, ich habe mein Zelt und Proviant für einige Tage mit, die langen Busfahrten habe ich hinter mir und kann laufen, einfach in die weite Welt hinaus laufen!

„Ich grüße euch, meine Lieben!", rufe ich fröhlich und umarme die Zedern, so als sollte ich ihnen einen Gruß aus fernem St. Petersburg überbringen.

„Sei gegrüßt, Bruder, sei uns willkommen!", antworten mir die Zedern.

Nach der kühlen Nacht, die ich auf einem weichen Teppich aus Zedernnadeln unter den mächtigen Zedernstämmen verbracht habe, fühle ich mich richtig wohl. Ich trinke silbrig schimmerndes Wasser, wasche mein Gesicht an einer Quelle am Wegrand und laufe weiter durch den Mischwald, der hauptsächlich aus Zedern besteht. Unter meinen Füßen liegen Zedernzapfen, doch als ich einige nach Zedernüssen absuche, stelle ich fest, dass sie leer sind. Wahrscheinlich, sind die Kerne bereits in guten Händen bzw. in den Vorratskammern eines Eichhörnchens... Mein Plan ist, im nächsten Dorf nach einer Unterkunft zu fragen, dann, wenn ich eine finden sollte, mit einem leichteren Rucksack Ausfluge in die Taiga zu machen und an den Abenden mit den Einwohnern zu sprechen.

* * *

Bald sehe ich mitten im Wald einige Blockhütten stehen. Ich klopfe an der Tür der ersten – ein Mann mittleren Alters, offensichtlich ein Russe, öffnet mir.

„Was willst du hier?", sagt er, statt meinen Gruß zu erwidern.

Ich erkläre, dass ich eine Unterkunft für zwei Wochen suche.

„Mutter, hier ist einer für dich", ruft er ins Hausinnere und verschwindet.

Heraus tritt eine zierliche alte Frau mit fröhlichen Augen. Sie schaut mich aufmerksam an und ich versuche, durch ihren Sohn ein wenig verunsichert, das Ziel meines Urlaubs zu schildern.

„Zedern und Altai möchtest du sehen? Das finde ich gut, komm rein."

Sie zeigt mir eine kleine Stube, gleich am Hauseingang, und nun fängt meine Altai-Zeit richtig an.

Am Abend sitze ich in der kleinen Küche, die wie eine Blumenwiese nach Kräutern duftet. Auf den schmalen Brettern eines Holzregals liegen Bündelchen und alte Schachteln, wahrscheinlich voll mit Trockengut. Kräuterbündel hängen neben dem Herd. Der Tee, den mir meine nette Gastgeberin einschenkt, schmeckt und duftet ganz ungewöhnlich.

„Schmeckt dir der Tee?", fragt sie. Ich trinke gerade und sie antwortet sich selbst: „Ich sehe schon, er schmeckt dir."

Ja, ihr herber Tee bekommt mir sehr, er bringt eine Leichtigkeit in meinen Leib und Ruhe in meine Gedanken. „Wie heißen Sie?", frage ich.

„Du kannst mich einfach Baba Raja nennen, in meinem Pass steht ‚Raissa Michajlowna'."

Ich frage Baba Raja nach den Wegen durch die Taiga, denn morgen möchte ich „zu den Zedern".

„Ich rate dir, nicht allein in den Wald zu gehen", erwidert Baba Raja unerwartet. „Der Wald ist tief, du kannst dich verlaufen oder von einem Tier angefallen werden. Auch einem bösen Menschen könntest du begegnen. Das wäre nicht gut... Warte, ich spreche mit meinem Sohn, der ist ein Waldmensch, schon seit seiner Kindheit. Darum ist er auch allein, wer wird schon mit ihm in dieser Hütte leben wollen. Alle Jungen ziehen heut in die Stadt, suchen dort ihr Glück. Kann man es woanders finden? Hier sind wir geboren, hier sollen wir es suchen. Und wie schön ist es hier! Warte, warte, ich frage ihn, er wollte zu den Zedern."

Ob mich Michail, so heißt der Sohn von Baba Raja, wirklich zur Zedernernte mitnehmen wird? Das wäre super! Es sieht jedoch nicht danach aus. Und ob ich mit seiner unfreundlichen Art klar kommen werde? Was hat er eigentlich gegen mich?

Nach dem guten Kräutertee schlafe ich in der Nacht ungewöhnlich tief und fest. Am frühen Morgen werde ich vor einem lauten Klopfen an der Tür geweckt. Ich öffne sie und weiche vor Michails stechendem Blick zurück.

„Was, Kerlchen, du willst in den Zedernwald? Ist es dir in deiner Stadt zu langweilig, hast wohl von allem schon gekostet, bloß von den Zedern nicht?"

Anstatt etwas zu sagen, schweige ich verwirrt, ein unkontrolliertes, dümmliches Lächeln auf den Lippen.

Davon wird er noch aggressiver: „Du hast im Zedernwald nichts zu suchen, du gehörst nicht hin."

Dieser Satz verletzt mich sehr, denn er beantwortet auf seine Art meine unausgesprochene Frage: Gibt es wirklich eine tiefere Verbindung zwischen mir und den Zedern oder bilde ich sie mir nur ein? Wahrscheinlich bin ich noch nicht ganz wach, denn ich drehe mich wortlos um, trete an den kleinen Tisch und nehme meine Zedernikone in die Hand. Ich bete vor mich hin, ich will die Ikone fragen, ob dieser Mensch da Recht hat.

Ich weiß nicht, wie lange ich so dastehe, aber mir wird bewusst, dass die Tür immer noch offen steht. Auch Michail ist noch da.

„Haben Sie gerade gebetet?"

„Ja, ich glaube, obwohl ich normalerweise nicht bete."

„Was haben Sie da für eine Ikone?" In dem winzigen Raum braucht er nicht einmal einen Schritt zu tun, um alles zu sehen. „Eine aus Zedernholz. Seltsam. Wo haben Sie sie her?"

„Von einem ganz besonderen Menschen."

„Versteht sich."

Erst jetzt begreife ich, dass Michail ganz anders mit mir spricht, dass er mich sogar siezt!

„Nun gut, das Frühstück steht auf dem Tisch, und in einer Stunde gehen wir los."

Ich bin so glücklich, dass ich bereit bin, diesen Menschen zu umarmen. Michail merkt es, denn er wendet sich schnell ab und geht in die Küche.

Es dämmert. Michail bleibt stehen. Es ist Zeit für Essen und einen Schlafplatz zu sorgen. Ich versuche, Michail dabei zu helfen, doch er lehnt entschieden ab: „Jeder soll sein Ding machen. Machen Sie doch lieber Ihre Notizen." Ich lasse es mir nicht zweimal sagen.

Heute früh hat mir Michail erklärt, während er unsere Rucksäcke packte, vor allem mit Proviant, dass die Zedernernte eine schwere Arbeit sei, die auch zuerst gelernt werden müsste. Außerdem gehe man dafür sehr tief in den Wald und dabei gebe es unweit seines Hauses sehr viel Sehenswertes. Ich befürchtete, dass Michail meinetwegen die Ernte und seinen entsprechenden Verdienst verpassen könnte. Daraufhin lachte er bloß (er kann sogar lachen!), er blieb bei seiner Meinung.

Unterwegs hatte ich viel Zeit, Michail über die Zedern auszufragen.

„Wie sammeln Sie eigentlich die Zedernzapfen? Lesen Sie die vom Boden auf?"

„Ja, meistens. Die reifen Zapfen fallen auf den Boden. Doch viele hängen noch oben, um sie abzuschütteln, klettere ich die Zeder bis zu ihrer Spitze hinauf und rüttele an ihren Zweigen.

„Und ich habe gelesen", unterbreche ich, „man würde dafür mit großen Holzknüppeln gegen die Zedernstämme schlagen."

„So machen es viele und schaden der Taiga sehr. Lieblos."

„Und Tiere und Vögel, ernten sie auch mit?", frage ich Michail und versuche das gespannte Schweigen zu unterbrechen.

„Bereits am Baum werden die Zapfen von Tieren und Vögeln durchsucht, die Zeder schmeckt vielen gut: dem Eichhörnchen und dem Erdhörnchen, dem Hermelin und der Waldmaus. Auch die großen Tiere verschmähen das Gute nicht: der Bär und der Dachs, der Fuchs und das Reh, sie alle kennen die Zedernuss. Doch den größten Erfolg scheint die Nuss beim kleinen Zedernhäher zu haben. Das ist ein flinker Vogel mit dunkelbraunen, weißgesprenkelten Federn. Hier nennt man ihn ‚Zedernsäer'. Hundert Samen und mehr kann so ein Vögelchen in seinem Kehlsack tragen. Unglaublich.

Der Zedernhäher fliegt also mit einer vollen Ladung Zedernüsse zu einem nur ihm bekannten Versteck – legt sie unters Moos, unter Steine oder Holzstümpfe. Und geht dann wieder ans Werk. Wissen Sie, wie viele von solchen Vorratslagern das Vögelchen in einem Herbst anlegen kann? Bis zu 20.000! Insgesamt also bis zu 50 kg Nüsse!"

„Michail, entschuldigen Sie, aber das kann ich Ihnen nicht glauben. Ein einziger Vogel? So viele Nüsse würden mir für den Winter reichen."

„Und stellen Sie sich vor, im Winter kann sich der Vogel noch an alle 20.000 Verstecke erinnern und sie unterm tiefen Schnee finden! Gewiss verbraucht der Zedernhäher nicht alles: teilweise werden seine Vorräte von anderen Tieren gefunden, teilweise bleiben sie unangetastet und bilden später den Zedern-Jungwuchs. Deswegen heißt der Vogel im Volksmund der Zedernsäer."

„Wir Menschen sagen abfällig ‚Spatzenhirn' oder ‚zeigen jemandem einen Vogel'. Doch vielleicht ist das übertrieben: hier – ein genialer Vogel, der die überhebliche ‚Krone der Schöpfung' bei weitem übertrifft."

„Alexej Alexandrowitsch", ruft mich Michail, „bitte schön. Das Abendessen ist fertig." Michail siezt mich nicht nur, sondern nennt mich außerdem noch bei meinem Vatersnamen. Ich habe ihn von diesen Höflichkeitsformen abzubringen versucht, zumal er um einiges älter ist – vergeblich. Ich hatte diesen Menschen völlig anders eingeschätzt, er war mir bei unserer ersten Begegnung grob und fast gefährlich vorgekommen. Wie können wir uns doch in unserem vorschnellen Urteil irren! Aber genug der Ausschweifung – der Hunger treibt mich weg vom Notizblock.

Die wilde und in ihrer Ursprünglichkeit schöne Umgebung und mein Begleiter, von dem ich viel lerne: Das alles erinnert mich an den Kaukasus und an Andrej. Jede Begegnung ist ganz eigentümlich, und doch sind beide einander sehr ähnlich wie zwei Ringe einer Spirale oder zwei Perlen einer Kette...

Wir sind bereits fünf Tage unterwegs. Vom vielen Laufen und der kristallklaren duftenden Luft bin ich wie im Rausch. Ich atme alles tief ein und habe gar kein Bedürfnis mehr, zu registrieren, zu notieren, festzuhalten. Michail zeigt gerne die Schätze seiner Wald-Welt. Wir besteigen fingerförmige Felsenkuppen und bestaunen kleine und große Seen, wir passieren die steinigen Bette ehemaliger Riesenflüsse und betreten durch unsichtbare Öffnungen die Finsternis der Karsthöhlen, wir waschen uns an den Quellen und trinken ihr glasklares Wasser.

Ich erfahre durch Michail, wie veränderlich diese scheinbar starre Umgebung ist. So genannte atmende Seen verschwinden und kommen wieder, die Flüsse verändern ihren Lauf, die Bäume stürzen übereinander und der Boden bebt immer wieder.

Sehr beeindruckend war für mich eine kleine Insel mit einer Kapelle darauf. Ein Mönch, der während der Sowjetzeit aus dem Gefängnis entkommen war, hatte die Kapelle der Legende nach gebaut. Von diesem Mönch stammte vermutlich auch der Lehnname der Insel: Patmos.

Auch mit der Katun, deren Strömung die Insel umspült, ist eine schöne Legende verbunden. Einst lebte die Schamanentochter Katun im Altai und war für ihr langes, überirdisch schönes Haar bekannt. Katun verliebte sich in den Jüngling Bij, doch Katuns Vater lehnte Bijs Heiratsantrag ab. Katun floh zu Bij – ihr Vater schickte ihr seine kräftigsten Männer hinterher. So läuft Katun durch die Wälder, ihr Zopf löst sich weiter und weiter und ihr Haar fließt und windet sich im Takt ihrer Bewegungen. Die Diener ihres Vaters, steinerne Schwellen, versuchen Katun aufzuhalten – und können es doch nicht. Der mächtige Bij, der zweite große Fluss des Altais, eilt der Katun entgegen. Beide finden einander und bilden zusammen den großen Ob (der Flussname Ob bedeutet im Russischen „beide").

Ich bewundere die Poesie, die der Legende innewohnt, und Michail sagt, dass der Altai Heimat vieler Sagen und Legenden sei, mit fast jedem Wasserfall, See oder Fluss sei irgendeine verbunden. Und alle seien sie traurig, selten käme dort eine glückliche Liebe vor.

„Gibt es eine glückliche Liebe, Alexej Alexandrowitsch, was meinen Sie?", fragt mich Michail plötzlich sehr vertraut.

Was kann ich darauf antworten außer tief zu seufzen?

„Und Sie, Michail, kennen Sie eine solche Liebe?", folgt meine Gegenfrage.

„Nein, ich habe meine Katun nicht gefunden, und wer trägt schon heutzutage einen langen Zopf?" Sein Versuch, eine witzige Antwort zu geben, misslingt...

Wir schweigen.

„Lassen Sie uns nun schlafen gehen, morgen zeige ich Ihnen etwas ganz Besonderes."

Hier ist doch alles besonders, denke ich und schlafe unter dem Säuseln der Zedernkronen fest ein.

* * *

Es folgt ein kühler und trüber Morgen, es regnet, unter den Bäumen sind wir aber vor Regen weitgehend geschützt. Wir gehen schnell, und davon wird mir bald ganz warm. Von hohen Hügeln steigen wir in die Täler hinab, dann laufen wir am sprudelnden weißen Wasserstrom entlang. Der starke Regen scheint eine vertikale Wand über dem Fluss zu bilden und verstärkt das Tosen des Flusses zusätzlich. Ich schlage vor, eine Rast einzulegen – Michail lehnt ab. Anscheinend ist der Weg noch weit und er versucht, ihn vor Anbruch der Dunkelheit zu schaffen.

Es dämmert auch bereits, als Michail an einem großen, über dem Wasser hängenden Felsen stehen bleibt. Wir besteigen dessen flachere Seite und betreten einen langen und breiten Spalt im Gestein. Wir folgen diesem langen Korridor bis zu seinem Ende, und Michail zeigt auf eine kaum sichtbare Wölbung im Felsen. Er stützt sich daran ab und beginnt die fast vertikale Wand zu erklettern. Ich klettere ihm mit Mühe hinterher. Seitlich von uns ragt ein großer Stein aus der Felswand empor und bildet zugleich eine horizontale runde Stufe vor einem dunklen, ca. ein Meter breiten Loch. Michail hält sich fest und hilft mir, auf diesen natürlichen „Balkon" heraufzukommen. Dann steigt er selbst hinauf und hält einen Augenblick lang inne. Dann schlüpft er ins Loch.

Im Inneren ist es dunkel, aber trocken. Ich sehe immer weniger und folge nur auf allen Vieren einer dunklen Masse und einem hallenden Geräusch irgendwo vor meiner Nase. Plötzlich wird es hell (dank Michails Taschenlampe) und ich kann die Umrisse einer größeren natürlichen Felsenhöhle erkennen. Ich würde gern stehen bleiben, verschnaufen und mich umschauen, doch Michail geht weiter. Wir treten vorsichtig auf, denn der Boden ist uneben. Bald wird die Felsendecke wieder so niedrig, dass wir weiter kriechen müssen.

Wieder erreichen wir einen Saal, anscheinend noch größer als der erste. Michail leuchtet die Wand ab, er sucht etwas – wahrscheinlich den Eingang zu einem weiteren Saal. Ich betaste die Steine, auf denen ich stehe, mit meiner Hand und setze mich. Diese Welt hier, denke ich, ist nicht für den Menschen geschaffen. Der Mensch sehnt sich doch immer nach Licht. Die Wörter „svetel" und „svjat" (hell und heilig) sind, nehme ich an, nicht nur in meiner Sprache miteinander verwandt. Was, wenn Michail jetzt stolpern würde und seine Taschenlampe herunterfallen und am Boden zerschellen? Was machen wir dann, im völligen Dunkel? Wir werden vielleicht tagelang die Steine abtasten und den schmalen Ausgang zu dem ersten Saal unter tausend Unebenheiten nicht identifizieren können, immer wieder ganz dicht an unserer Rettung vorbeigehen...

„Schauen Sie!" Michail leuchtet nach oben.

Was hat er dort entdeckt? Im Strahl der Taschenlampe sehe ich ein Farbenspiel wie in einem Kaleidoskop. Was für ein Anblick! Ziemlich hoch über unseren Köpfen sind zwei Silhouetten zu sehen – offensichtlich die Darstellungen einer Frau und eines Mannes. Die beiden halten sich an den Händen, die Gesichter sind einander zugewandt und mit Farben ausgemalt. Über den Köpfen sind grüne Streifen zu sehen, in denen ich Zedernkronen erkenne. Wunderschön. Ich bin zwar kein Archäologe, bin mir jedoch ziemlich sicher, dass das Bild sehr alt ist, vielleicht noch aus der Steinzeit. Es gibt noch keine Perspektive, alles erscheint zweidimensional, mit eher angedeuteten als klaren Linien. Aber diese leuchtenden Farben, hier, in dieser Welt der Finsternis... Ich stehe mit offenem Mund da, völlig erschöpft und hellauf begeistert.

Michail macht mir ein Zeichen: wir müssen zurück. Den Rückweg legen wir kriechend und laufend zurück. Im ersten Saal, unweit des dämmernden Höhleneingangs, bleibt Michail stehen. „Hier können wir übernachten“, sagt er, und seine lauten Worte, durch den Widerhall verstärkt, erschrecken mich. „Wie hat es Ihnen gefallen?“

„Unbeschreiblich, so etwas habe ich noch nie gesehen. Wie haben Sie das Bild entdeckt?“

„Ich suchte die Höhle nach Mumijo ab, Sie wissen sicher, was es ist.“

„Gehört habe ich davon. Mumijo soll ein Wundermittel sein, das bei allen Krankheiten hilft.“

„Ob bei allen, kann ich nicht sagen, aber bei Knochenbrüchen und allgemeiner Schwäche ganz bestimmt. Mumijo wird neuerdings teuer gekauft, und ich habe hier danach gesucht und eine große Menge davon im zweiten Saal gefunden, unter dem Wandgemälde. Das Bild war für mich eine überraschende Entdeckung.“
„Warum haben Sie niemandem davon erzählt?“

„Ich will es für mich behalten“, erwidert Michail überzeugt. „Viele würden hierher kommen und das alles hier niedertrampeln."

Hat Michail Recht? Vielleicht, und doch ist es sehr schade, dass niemand diese Schönheit erblicken kann. Ich würde gern mit Michail darüber diskutieren, aber ich bin so müde! Zum Glück haben wir ein „Dach" über dem Kopf, ich brauche nur meinen Schlafsack aufzurollen, hineinzuschlüpfen – und gute Nacht!

* * *

Sie ist so schön, das Gesicht wie geschnitzt, Zöpfe aus schwarzem Haar. Und die Augen! Aus ihren braunen Augen leuchtet mir die verborgene Leidenschaft entgegen...

Jelegajs Tochter... Wer ist das da neben ihr, furchteinflössend, das Gesicht hassverzerrt, mit stechenden Augen wie glühenden Kohlen? Und Michail, was macht er hier? Wo ist Jermak, der für uns Kosaken wie ein zweiter Vater ist, lebt er noch? Was soll das, ich bin doch auf einer Wanderung unterwegs? Warum liege ich in diesem unbekannten Raum, und es tagt schon? Ich versuche mich aufzurichten – ein brennender Schmerz im rechten Arm wirft mich zu Boden zurück. Michail beugt sich über mich, spricht mit mir, doch ich kann ihn nicht hören, ich sehe sein Gesicht zu einer Zedernkrone verschwimmen, die sich riesig zwischen mir und dem Himmel entfaltet.

Ich bin wieder bei meiner Schönen. Ich habe sie damals nicht einmal zum Abschied küssen können. Hätte ich bloß gewusst, dass wir uns für immer verabschieden würden und ich, von

Schwertern aufgeschlitzt, drei Tage am hohen Irtysch-Ufer liegen bleiben würde, bis mich ein Kosaken-Spähtrupp finden und nach christlichem Brauch begraben würde! Ich lebe ja aber und Jelegajs Tochter ist mit mir.

Was soll das Ganze, sind das wieder diese merkwürdigen irren Träume, die mich aus der Realität herausreißen?

Ich bin wach und liege in einem hellen Raum auf einer Matratze direkt auf dem Boden. Am Fenster über mir hängt ein Kristall und wirft lustige kleine Regenbögen ins Zimmer. Ich bin allein. Langsam erinnere ich mich wieder...

Nachdem wir in der Felshöhle geschlafen und am Morgen kurz gefrühstückt hatten, hatten wir den Abstieg über die Felswand angetreten, Michail vorneweg und ich ihm hinterher. Einige Meter über dem Spaltenboden, wo wir gestern unseren Aufstieg begonnen hatten, war ich mit einem Fuß abgerutscht, hatte versucht mich festzuhalten, einen Stein aus der Felswand gerissen und war nach unten gestürzt. Das Letzte, was ich gesehen hatte, war der gepanzerte Rücken des steinernen Kolosses gewesen, und das Letzte, was ich gehört hatte, Michails „haaaaalten".

Die Tür des Raumes öffnet sich, Michail tritt herein.
„Was ist mit mir los?", frage ich ihn mit einer leisen, brüchigen Stimme.

Er versteht mich und antwortet: „Jetzt ist alles wieder gut. Sie haben sich schwer verletzt, so schwer, dass ich Angst hatte, Sie würden es nicht schaffen."

Er erzählt mir, dass ich aus fünf Metern Höhe auf die Steine gefallen und mit dem Kopf aufgeschlagen sei. Ich hätte reglos dagelegen und geblutet, und er habe gedacht, ich sei tot. Er habe anfangs nicht gewusst, was er tun sollte. Dann habe er mein Hemd aufgeknöpft, meine Wunden damit verbunden und mich auf seinem Rücken durch den Wald geschleppt. Er habe mich zu einem bekannten Schamanen gebracht, der mich nun seit mehreren Tagen behandele.

„Danke, Michail. Sie haben sicher einen weiten Weg zurücklegen müssen, und das mit einer solchen Last!"

„Ach, was soll's, Alexej Alexandrowitsch, mich bedrückte vielmehr eine andere Last. Ich glaubte, an Ihrem Tod schuld zu sein, machte mir Vorwürfe, weinte sogar..."

Jetzt kamen mir die Tränen.

„Sie brauchen sich nun keine Sorgen mehr zu machen", fügte Michail hinzu. „Der Schamane ist ein ganz besonderer Mensch, nun da er Sie als Patienten angenommen hat, wird er Sie schon gesund machen. Sogar seine Tochter hilft ihm dabei."

„Was für eine Tochter?", frage ich und horche auf.

„Sie wohnt beim Schamanen. Seine Frau ist während ihrer Geburt gestorben und so wird der Schamane wohl keinen Sohn mehr bekommen – er wird sein Wissen an die Tochter weitergeben müssen. Aber fragen Sie nicht so viel, Sie brauchen noch absolute Ruhe."

Michail ging, und ich dachte mir: Wieder ein Zufall am Faden des Schicksals! Wie viele davon werden sich noch auf meinen Lebensfaden reihen?

Mit Angst erwartete ich – nunmehr bei Bewusstsein – die Ankunft des Schamanen. Ich stellte mir meinen Heiler als einen grauhaarigen Mann in exotischen Kleidern mit einer Schellentrommel in der Hand vor. Doch bald darauf betrat ein europäisch gekleideter Mann mittleren Alters mit sonnengebräuntem Gesicht vom mongoloiden Typ das Zimmer. Seine Gesichtszüge wirkten auf mich eher unsympathisch. Seine durchdringenden, kraftvollen Augen blickten mich jedoch freundlich an. In den Händen hielt er merkwürdige Gegenstände: Glöckchen, Vogelfedern und Baumzweige. Schweigend begann der Schamane sein Ritual – er klatschte in die Hände und das feine Glockengeklingel vermischte sich mit den abwechselnd laut und leise gesungenen, tiefen Tönen seiner Stimme. Er machte mir ein Zeichen die Augen zu schließen. Der Geruch von glühendem Holz begann sich im Zimmer auszubreiten, vor meinen geschlossenen Augen tanzten violette, gelbe und rote Lichter und mein Körper wurde leichter und leichter.
Bereits am zweiten Tage, nachdem ich zu Bewusstsein gekommen war, ging Michail fort. Er hatte nun die Gewissheit, dass ich den Unfall überstanden hatte, und musste sich sehr beeilen: die Zedernussernte war voll im Gange.

„Verzeihen Sie mir“, sagte er zum Abschied.

„Ich war selber unvorsichtig.“

„Bitte sagen Sie das nicht, ich allein bin schuld daran und würde Ihren Sturz gern ungeschehen machen... Leider muss ich jetzt gehen. Ich weiß nicht, ob wir uns wieder sehen werden, Sie werden mir aber als Gast jederzeit willkommen sein. Kommen Sie bitte einmal zu uns. Und hier", Michail griff in seinen Rucksack, „habe ich Ihre Aufzeichnungen und Ihren Stift. Alles andere habe ich im Wald liegen lassen, denn ich wollte es wegen des Gewichts nicht mitnehmen."

„Ich werde Sie mit Freude besuchen, Michail, aber duzen Sie mich bitte und nennen Sie mich beim Vornamen."

„Lebe wohl, Alexej!"

* * *

Nachdem Michail gegangen war, hatte ich ein zwiespältiges Gefühl: Ich war traurig, dass mein neuer Freund ging, und war dennoch froh, dass mein anderer Begleiter, mein Block, wieder da war. Sofort begann ich alles, woran ich mich noch erinnern konnte, aufzuschreiben. Die Zeit meiner Bewusstlosigkeit hatte eine Art Schleier über die vergangenen Wochen gelegt, den ich mühsam aufzuschieben versuchte. Ich war vollkommen in meine Erinnerungen versunken, als die Tür des Zimmers sich leise öffnete. Ich spürte einen auf mich gerichteten Blick, wendete mich in meinem Bett um und sah... Jelegajs Tochter.

Zugegeben, sie war es nicht ganz. Jelegajs Tochter war kleiner und im Gesicht dunkler gewesen, und sie hatte einen langen Zopf getragen. Dieses blutjunge Mädchen hingegen, das da vor der Tür stand, hatte bloß schulterlanges Haar und trug keine Tracht. Doch die Augen, die Augen waren die gleichen!

„Wer bist du?", flüstere ich.

„Die Tochter des Schamanen."

„Bist du schon einmal bei mir gewesen?"

„Ja, doch Sie werden sich daran nicht erinnern können."

„In St. Petersburg, warst du das auch?"

„Petersburg? Das kenne ich nicht." Ihre großen Augen schauen mich unverwandt an.

„Ach, ich scherze nur." Ich lächele und spüre, wie es mir ganz warm ums Herz wird.

„Ich habe eine Arznei für Sie gebracht". Sie hält ein hölzernes Tablett in der Hand, auf dem ich einige mit verschiedenen Flüssigkeiten gefüllte Gläschen erkenne.
Ich trinke sie der Reihe nach aus, der Geschmack ist immer anders, mitunter sehr bitter. „Was sind das für ‚Lekkereien', meine Schamanin?", frage ich und lächele weiterhin.

„Das sind verschiedene Kräutermischungen und das da Mumijo, das für Sie jetzt besonders wichtig ist. Ich bin aber keine Schamanin, ich helfe nur meinem Vater. Machen Sie es gut, ich muss jetzt gehen."

„Kommst du bald wieder?"

Keine Antwort, nur ein durchdringender Blick – und fort ist sie.

So also haben wir uns nach 500 Jahren wieder getroffen. Oder sind das nur meine krankhaften Fantasien, und sollte ich vielleicht nach dem Schamanen gleich einen Psychiater aufsuchen?

Einige Tage verstrichen. Ich kam unwahrscheinlich schnell zu Kräften. Die heftigen Schmerzen in meinem rechten Arm und in der Brust wie auch das Schwindelgefühl ließen immer mehr nach, meine Platzwunden verheilten. Der Schamane kam einmal täglich und wiederholte sein Ritual, auch seine Tochter besuchte mich regelmäßig und ich merkte, dass ich den ganzen Tag auf sie wartete. Ich erzählte ihr viel über mich, sie hingegen war meistens wortkarg. Ich erfuhr von ihr, dass ihre Mutter Russin war und dass der Schamane nach ihrem Tod keine andere Frau mehr gehabt hatte. Er liebte seine Tochter sehr und weihte sie immer mehr in seine Arbeit ein. Doch sie sei, betonte sie jedes Mal, noch keine Schamanin, denn sie dürfe vieles noch nicht wissen.

Es war eine merkwürdige Verbindung, die in der kurzen Zeit zwischen uns entstand. Ich wusste nicht einmal, wie sie hieß, und konnte sie doch schon meine Schwester nennen. Ich war nicht in sie verliebt: in dem Gefühl, das in mir wuchs, überwog das Vertrauen, und nichts daran war vergleichbar mit der Leidenschaft, die ich in St. Petersburg für „meine Königin" empfunden hatte. Ich, der ich doch gerne der Minderheit der Singles angehöre, wollte auch nichts Vergleichbares mehr. Ich genoss unsere Gespräche und erzählte meiner Heilerin einmal sogar von „meiner Königin“. Ich erzählte es ihr in allen Einzelheiten und fühlte mich verstanden und befreit von der Last, die lange auf meiner Seele gelastet hatte. Sie sagte nichts, doch ihr Blick zum Abschied an jenem Abend enthielt sehr viel Mitgefühl und beinahe Zärtlichkeit.

Am folgenden Tag kam sie zu mir und sagte, dass ihr Vater meine Heilung für abgeschlossen hielte und sie mich zum Haus von Baba Raja und Michail bringen würde. Mit gemischten Gefühlen verließ ich meine Heilstätte, wo ich eine ganze Woche verbracht hatte. Ich bekam neue Kleider – meine waren blutbeschmiert und zerrissen gewesen, aber auch innerlich hatte ich mich in dieser Zeit „anders eingekleidet“.

Wir gingen los, sie immer ein Stück voraus, und alle halbe Stunde legten wir eine kleine Pause ein. Ich war mit diesem Rhythmus einverstanden, weil ich doch noch sehr schwach war. Nach etwa dreistündigem Fußmarsch erreichten wir eine befestigte Landstraße, und dort wurde ich von einem vorbeifahrenden LKW-Fahrer weiter mitgenommen. Meine Schamanin blieb am Straßenrand stehen, und blickte uns nach, solange ich sie noch sehen konnte.

* * *

Baba Raja empfing mich wie einen Verwandten und weinte, als sie von meinem Unfall erfuhr. Sie schimpfte zugleich über das unverantwortliche Verhalten ihres Sohnes und wollte meine „Verteidigungsrede“ für den jetzt irgendwo tief in der Taiga hart arbeitenden Michail nicht hören. Und schon schlief ich wieder tief und fest, in dem kleinen Gästezimmer ihres Häuschens.

Mein Urlaub war inzwischen zu Ende, aber gesundheitlich war ich noch sehr geschwächt, mein rechter Arm war noch taub und meine Rippen machten sich durch einen stechenden Schmerz bemerkbar, wenn ich tief durchatmete. Deshalb verschob ich meine Heimreise und ließ Baba Raja bei ihrem Einkauf in der Stadt ein entsprechendes Telegramm an meinen Chef senden. Baba Raja wurde für mich zu einer weiteren liebevollen Pflegerin. Sie kannte unzählige Kräuter- und Zedernrezepte.

„Kennst du Zedernmilch?“, fragte sie mich einmal.

„Ja, ich habe davon gelesen.“

„Gelesen? Nun aber wirst du sie trinken.“

Ich trank die trübe weißliche Flüssigkeit, die einen angenehmen Nussgeschmack hatte, und bat Baba Raja mir die Herstellung dieser Spezialität zu verraten.

„Es ist ganz einfach“, hub ihre muntere Stimme an, „du stampfst die geschälten Zedernüsse mit einem Holzmörser, am besten einem aus Zedernholz. Du gibst ein wenig Wasser dazu und stellst den Nussbrei in den Ofen. Wenn er kocht, so erhältst du Zedernrahm. Verdünnst du ihn weiter, bekommst du Zedernmilch. Beide kannst du auch aber roh trinken. Zedernmilch ist viel gesünder als

Kuhmilch und wirkt heilsam auf Lunge, Nieren und Magen. Für dich jetzt ist sie die beste Stärkung."

„Was ist mit Zedernöl?", denke ich an meine Zedernlektüre zurück.

„Wir haben eine Fabrik in unserer Nähe, dort wird ein gutes Öl gepresst."

„Wie hat man Zedernöl früher selbst gemacht?"

„Früher zerstampften wir die Nüsse – genauso wie für die Milch – und gaben sie in eine große Kupferschüssel, die auf dem Herd stand oder eingemauert war und selbst einen Feuerkessel bildete. Wir zündeten Feuer an, gossen Wasser dazu und rührten den Nussbrei mit einem speziellen Rührgerät um. Das Öl schwamm oben und lief durch eine kleine Rinne aus dem Kessel."

Heute aber, erfuhr ich von Baba Raja weiter, presse man das Öl überwiegend kalt, was seine Qualität zusätzlich erhöhe. „Das beste Öl kommt von den Altgläubigen", sagte Baba Raja überzeugt. „Sie pressen es nur für sich selbst und beten dazu. Sie haben nur sehr wenig Öl, doch es wirkt Wunder."

Die Altgläubigen sind mir aus dem Geschichtsunterricht ein Begriff. Der Kampf des Patriarchen Nikon gegen den Protopopen Abbakum, der auf den alten Bräuchen bestand, hatte dazu geführt, dass Letzterer von seinem ehemaligen Freund, dem Oberhaupt der russisch-orthodoxen Kirche, verdammt und auf dem Scheiterhaufen hingerichtet wurde. Viele Anhänger des alten Glaubens flohen damals vor den Repressionen in den noch kaum erschlossenen russischen Osten. Seitdem lebten sie, isoliert von der Außenwelt, in ihren Dörfern in Sibirien und im Altai.

Bald lernte ich durch Baba Raja noch ein anderes Wund(er)mittel kennen. Meine Schrammen bestrich sie mit Zedernharz, und ich erfuhr von ihr, dass Zedernharz sogar bei Schlangenbissen eingesetzt werde. Und noch eine Überraschung: das Bett, in dem ich bei Baba Raja schlief, war aus Zedernholz und ihrer Meinung nach mein „Nachtheiler" gewesen.

* * *

Eines Abends hörte ich ein leises Klopfen an meine Fensterscheibe. Als ich hinausschaute, erblickte ich die Tochter des Schamanen. Welch eine Freude! Natürlich hatte ich oft an sie und mein seltsames Gefühl ihr gegenüber gedacht: Vertrauen ging dabei Hand in Hand mit der Angst zu zerbrechen, an der unerwiderten Liebe aus diesem und aus dem anderen Leben. Denn auch damals hatte ich nicht zu meiner Geliebten gefunden...

„Ich möchte Sie einladen."

„Zu einem Ball?"

„Zu einem Spaziergang."

„Ich folge untertänigst Ihrem gnädigen Wunsch!"

Unser Spaziergang erweist sich als Nachtwanderung. Schweigend besteigen wir in der aufkommenden Dunkelheit einen Berg und erreichen soeben seinen kargen Gipfel. Unseren Blicken öffnet sich eine kreisrunde Wasserfläche mit einer kleinen Insel in ihrer Mitte. Wir stehen an dem steilen Abhang, von der Natur in ihrer ursprünglichen Schönheit und ihrer von Leben erfüllten Stille umgeben. Mir wird bang ums Herz. Wozu bin ich hier?

„Ich möchte Ihnen von einer Legende erzählen. Es lebte einmal ein junger Poet, der in der Welt am meisten den Himmel mit seinen Sternen liebte, und unter den Gestirnen am meisten – die schöne Kassiopeia. Jede Nacht widmete er ihr ein neues Gedicht, allein sie schien ihn nicht zu bemerken. Dabei lauschte die Mondgöttin dem Jüngling und verliebte sich immer mehr in ihn und seine Gedichte. Von Kassiopeia entzückt, beachtete der Poet den Mond nicht. Einmal, als er gerade Kassiopeia sein neues Gedicht vortrug, wollte er, von seinem Gefühl überwältigt, dem Himmel entgegen fliegen und stürzte den felsigen Abgrund hinab. Um den Jüngling zu retten, warf die Mondgöttin ihre Scheibe auf die Erde, und so entstand dieser See da unten. Er heißt Aja, das bedeutet in unserer Sprache ‚Mond'."

Sie schwieg. „Das ist alles", sagte sie noch und lächelte.

„Eine wunderbare Legende, ich müsste sie unbedingt aufschreiben", sage ich und denke bei mir: „ Den See Aja hatte ich schon zu Anfang meines Aufenthaltes im Altai aufsuchen wollen, doch dieser Wunsch war unter all den

Vorkommnissen der letzten Zeit vollkommen verschüttet worden. Ergeben so viele Parallelen eine Gerade?"

„Und wissen Sie, wie ich heiße? Auch Aja", lacht sie.

„Bist du also auch so rund wie der Mond?"

„Vor siebzehn Jahren, als ich ganz klein war, war ich ganz rund, und mein Vater nannte mich Aja."

Ich hätte ihr so viel sagen wollen, doch ich sage nur: „Du bist siebzehn und ich vierundzwanzig, ein alter Mann also, der sich vor der Finsternis fürchtet."

„Die Mondgöttin ist eine große Zauberin, sie wird uns den Weg leuchten." Die junge Aja klatscht in die Hände und sagt etwas in einer mir unverständlichen Sprache. Dabei sind ihre Augen auf einen Punkt am gegenüberliegenden Berg gerichtet – ich schaue dorthin und sehe Licht, ich sehe es immer heller werden! Unheimlich.

Aja schaut zu mir herüber und lacht nochmals: „Keine Angst. In diesem Monat geht der Mond immer dort auf. Wichtig ist bloß seinen Aufgang, die Zeit zu spüren, und das hat mich mein Vater gelehrt."

Wir kehren zurück, es ist heller geworden, aber trotzdem reicht mir Aja die Hand und stützt mich an den schwierigen Stellen ab. In der tiefen Nacht kommen wir wieder am Haus von Baba Raja an.

„Kennst du die Legende von Bij und Katun?", frage ich sie.

„Ja, ich kenne sie."

„Katun war auch die Tochter eines Schamanen."

„Eines bösen jedoch. Trotzdem konnte und wollte sie lieben."

„Ihre Liebe nahm kein Ende."

„Wie auch ihr Haar."

„Warum schneiden die Mädchen von heute ihre Zöpfe ab?" Ich wiederhole, über mich selbst erstaunt, Michails Worte.

„Ich muss zurück, mein Vater wartet auf mich", sagt sie in einer ganz anderen, müden Stimme.

„Der Weg ist so weit, willst du nicht lieber hier bleiben?"

„Machen Sie sich keine Sorgen. Vor der Finsternis fürchte ich mich nicht, und ich kenne den Heimweg."

„Sag doch bitte 'du' zu mir", bitte ich sie.

„Alles Gute, Aljoscha." Sie geht.

„Weißt du, mein Bus fährt übermorgen, sieben Uhr dreißig", rufe ich ihr zu.

„Bis dann." Sie verschwindet in der Finsternis.

Bereits um sieben stehe ich am Straßenrand und warte auf den Bus. Baba Raja hat mich sehr herzlich verabschiedet und mir einen ganzen Sack Zedernüsse für den Weg mitgegeben. Ich habe ihr fest versprochen wiederzukommen.

Ich sehe eine zierliche Gestalt – meine Schamanin kommt mir entgegen. Wir stehen uns am Straßenrand gegenüber, und sie lächelt, mit Trauer in den Augen. Ich bemerke eine Veränderung in ihrem Gesicht, die ich aber nicht einordnen kann. Endlich wird mir klar: Ihr sonst offenes Haar ist zu einem dicken Zopf zusammengebunden. Ein Blitz fährt durch mein Herz und unsere Augen begegnen sich – genauso wie damals, bei Jelegaj. Und zugleich begreife ich: Sie und nur sie habe ich immer schon geliebt. Ich ziehe sie an mich, will ihr das sagen, schaffe es aber nicht. Der Bus ist bereits da, und der Fahrer wartet auf mich. Sie küsst mich sehr kurz und fest auf meine Lippen und befreit sich ruckartig aus der Umarmung.

„Bis bald, Aljoscha", ruft sie, „ich werde auf dich warten."

* * *

Oktober. Seit zwei Wochen bin ich in meiner gemütlichen St. Petersburger Wohnung und schreibe an diesem Büchlein, das mich mit Freude erfüllt. Warum? All diese bedruckten Seiten zeigen vielleicht nur eine einzige und doch so wichtige Seite meines Schicksals, deren letzter Satz ist: Ich habe sie gefunden.

Irgendein Fazit?

Ich denke an Aja, will mit ihr zusammensein und bin mir sicher, dass es bald, sehr bald soweit sein wird. Auch an Andrej denke ich oft. Wem galt denn nun sein Gruß an „die Königin"? Der sibirischen Zeder, die im grenzenlosen Reich der Taiga herrscht? Oder der Liebe, die wir Menschen über Jahrtausende schon in unseren Herzen tragen? Oder beiden zugleich?

Ich denke an Michail und an das Bild in der Felshöhle und schreibe an meine Aja:

In Gefilden des Himmels,
Erinnerst du dich?
Steht der andere Garten,
Sein Name ist Licht.

Rosen sind ohne Dornen,
Augen sind ohne Angst,
Zedernkronen sind golden,
Menschenherzen sind sanft.

Tränenreich fällt der Regen,
Unser Weg ist noch weit –
Der von Leben zu Leben
Zur Schwerelosigkeit.

Wie pflanzt man die sibirische Zeder?

Im Herbst werden die einzelnen Zedernüsse aus den Zapfen genommen und ungeschält für zwei Tage ins Wasser gelegt (das Wasser bitte am zweiten Tag wechseln). Im Freiland zieht man die 5-6 cm tiefe Reihen in 20-25 cm Abstand voneinander. 100 g Zedernsamen (etwa ein Glas voll) sollten für ein laufendes Meter ausreichen. Die Samen werden mit ca. 2-3 cm Erde und 3-5 cm Späne bedeckt. Zum Schutz der Samen wird um das Saatbeet ein Graben gezogen und mit Tannenzweigen gefüllt. Eine Schicht Tannenzweige kommt auch auf das Saatbeet. Im Frühling wird der Boden zwischen den Reihen aufgeharkt, die Reihen werden zusätzlich mit Spänen gemulcht und begossen. Junge Keimlinge können mit einer Folie oder einem engmaschigen Netz, in 1 – 1,5 Meter Höhe darüber gespannt, vor Verbiss geschützt werden. Haben die Zedernkeimlinge ihre aufgebrochenen Nussschalen vollständig abgeworfen, so kann die Schutzvorrichtung entfernt werden. Junge Bäumchen lässt man 3-5 Jahre im Saatbeet gedeihen und bringt sie dann zu ihrem endgültigen Standort. Zum Verpflanzen kürzt man die Wurzeln um ca. 20 cm und taucht sie in eine Nährlösung ein (ein dünner Brei aus Wasser und Kompost, zu gleichen Teilen gemischt). Entsteht beim Verpflanzen eine Lagerpause, so sollten die Wurzeln vor dem Austrocknen geschützt werden.

Ich fand zu Dir,
meine Königin!

VEGA E.K.

VEGA E.K. | Neufelder Str. 1 | D-67468 Frankeneck
Tel.: (49) 06325-184 03 01 (AB) | (49) 06325-184 03 00 | Fax (49) 06325-98 09 97
E-mail: vega@vega-ek.de | Internet: www.vega-ek.de